Vente du Lundi 9 au Jeudi 12 Décembre 1889.

Hôtel Drouot. — Salle N° 3.

# CATALOGUE

## DE BEAUX

# LIVRES MODERNES

### EN GRANDE PARTIE RELIÉS EN MAROQUIN
### COLLECTION DES OUVRAGES DE GABRIEL PEIGNOT
### OUVRAGES SUR L'ARCHITECTURE, LES BEAUX-ARTS, LES BELLES-LETTRES, CURIOSITÉS BIBLIOGRAPHIQUES

**Balzac**. Œuv. complètes. 24 vol. gr. in-8, maroq. rouge. (*Exemplaire en grand papier*). — **Barbet de Jouy**, Gemmes et Joyaux de la Couronne. 30 livr. in-folio. — Biblioth. Elzévirienne, 150 vol. in-12, cart. n. rog. — **Blanc**. Hist. des Peintres, 14 vol. — **Dom Bouquet**. Historiens des Gaules, 19 vol. in-fol. — **Brunet**. Manuel du Libraire, *dernière édition*. 14 vol. gr. in-8. (*Exemplaire en grand papier*). — Collection des grands Écrivains de la France, exemplaires en grand papier, mar. rouge. (*Chambolle-Duru*). — **Diderot**. Œuvres complètes, 20 vol. maroq. vert. (*Exemplaire sur papier de Hollande*. — Gallia Christiana. *Édition Palmé*. — **Halévy**. La famille Cardinal (*Édition Conquet*) ; L'abbé Constantin. illustr. par Madeleine Lemaire. — Herculanum et **Pompéi**, 8 vol. gr. in-8. — Histoire littéraire de la France, *Édition Palmé*, 46 vol. in-4. — **La Curne de Sainte Palaye**. Dict. de l'Ancien Langage. 10 vol. in-4. — **H. Martin**. Hist. de France. 17 vol. — **Mérimée**. Chronique du Règne de Charles IX, *Édition des Amis des Livres*. — **Michelet**. Hist. de France, 17 vol. in-8, veau fauve. (*Exemplaire en grand papier*). — **Molière**, *édition de Scheuring*. 9 vol. in-8, maroq. rouge. — **A. de Musset**. Œuvres complètes, 10 vol. gr. in-8. *fig. de Bida, avant la lettre*, maroq. gren. — Paris à travers les Âges, 11 fasc. in-folio. — Hist. générale de Paris, 27 vol. in-4. — **Pottier**. Hist. de la faïence de Rouen. — **Racinet**. Le Costume historique, 20 fasc. in-folio ; L'Ornement polychrome. — L'Œuvre de **Rembrandt**, 4 vol. in-folio. — **Tallemant des Réaux**. Historiettes, 1840. 9 vol. in-8. maroq. vert. — **Viollet-le-Duc**. Dictionnaire de l'Architecture, et Dictionn. du Mobilier. 16 vol. gr. in-8, maroq. rouge et La Vall. (*Exemplaires en grand papier*). etc. etc. etc.

PARIS

A. DUREL, LIBRAIRE

21, RUE DE L'ANCIENNE-COMÉDIE, 21

9 ET 11, PASSAGE DU COMMERCE, 9 ET 11

—

1889

# CATALOGUE

## DE BEAUX

# LIVRES MODERNES

## EN GRANDE PARTIE RELIÉS EN MAROQUIN

## LA VENTE AURA LIEU

### Du Lundi 9 au Jeudi 12 Décembre 1889.

*A deux heures précises du soir*

### HOTEL DES COMMISSAIRES-PRISEURS, 9, RUE DROUOT

SALLE N° 3

Par le Ministère de M° MAURICE DELESTRE, ✻, Commissaire-Priseur,

Rue Drouot, 27.

Assisté de M. A. DUREL, Libraire

21, rue de l'Ancienne-Comédie, 9 et 11, passage du Commerce

———

**Voir l'ordre des vacations au verso du titre**

———◦◇◦———

## CONDITIONS DE LA VENTE

La vente se fait au comptant.

Les acquéreurs payeront 5 p. 100 en sus des enchères, applicables aux frais.

Les livres devront être collationnés sur place dans les vingt-quatre heures de l'adjudication. Passé ce délai, ou une fois sortis de la salle de vente, ils ne seront repris pour aucune cause.

**M. A. DUREL, chargé de la vente, remplira les Commissions des personnes qui ne pourraient y assister.**

M. A. DUREL, se réserve la faculté de réunir et de vendre en un seul lot tels articles du Catalogue qu'il jugera utile à l'intérêt de la vente.

# CATALOGUE

## DE BEAUX

# LIVRES MODERNES

### EN GRANDE PARTIE RELIÉS EN MAROQUIN
### COLLECTION DES OUVRAGES DE GABRIEL PEIGNOT
### OUVRAGES SUR L'ARCHITECTURE, LES BEAUX-ARTS, LES BELLES-LETTRES, CURIOSITÉS BIBLIOGRAPHIQUES

**Balzac**. (Œuv. complètes. 24 vol. gr. in-8, maroq. rouge. (*Exemplaire en grand papier*). — **Barbet de Jouy**, Gemmes et Joyaux de la Couronne. 30 livr. in-folio. — Biblioth. Elzévirienne, 159 vol. in-12, cart. n. rog. — **Blanc**. Hist. des Peintres. 14 vol. — **Dom Bouquet**. Historiens des Gaules, 19 vol. in-fol. — **Brunet**. Manuel du Libraire, *dernière édition*. 11 vol. gr. in-8. (*Exemplaire en grand papier*). — Collection des grands Écrivains de la France, exemplaires en grand papier, mar. rouge. (*Chambolle-Duru*). — **Diderot**. Œuvres complètes, 20 vol. maroq. vert. (*Exemplaire sur papier de Hollande*). — Gallia Christiana. *Édition Palmé*. — **Halévy**. La famille Cardinal (*Édition Conquet*) ; L'abbé Constantin, illustr. par Madeleine Lemaire. — **Herculanum** et **Pompéi**, 8 vol. gr. in-8. — Histoire littéraire de la France, *Édition Palmé*. 16 vol. in-4. — **La Curne de Sainte Palaye**. Dict. de l'Ancien Langage. 10 vol. in-4 — **H. Martin**. Hist. de France. 17 vol. — **Mérimée**. Chronique du Règne de Charles IX, *Édition des Amis des Livres*. — **Michelet**. Hist. de France, 17 vol. in-8, veau fauve. (*Exemplaire en grand papier*). — **Molière**, *édition de Scheuring*. 9 vol. in-8, maroq. rouge. — **A. de Musset**. Œuvres complètes, 10 vol. gr. in-8, *fig. de Bida, avant la lettre*. maroq. gren. — Paris à travers les Ages. 14 fasc. in-folio. — Hist. générale de Paris, 27 vol. in-4. — **Pottier**. Hist. de la faïence de Rouen. — **Racinet**. Le Costume historique, 20 fasc. in-folio : L'Ornement polychrome. — L'Œuvre de **Rembrandt**. 4 vol. in-folio. — **Tallemant des Réaux**. Historiettes, 1860, 9 vol. in-8, maroq. vert. — **Viollet-le-Duc**. Dictionnaire de l'Architecture, et Dictionn. du Mobilier. 10 vol. gr. in-8, maroq. rouge et La Vall. (*Exemplaires en grand papier*), etc. etc. etc.

## PARIS

## A. DUREL, LIBRAIRE

21, RUE DE L'ANCIENNE-COMÉDIE, 21

9 ET 11, PASSAGE DU COMMERCE, 9 ET 11

———

1889

# ORDRE DES VACATIONS

# CATALOGUE

## DE BEAUX

# LIVRES MODERNES

### EN GRANDE PARTIE RELIÉS EN MAROQUIN.
### COLLECTION DES OUVRAGES DE GABRIEL PEIGNOT.
### OUVRAGES SUR L'ARCHITECTURE, LES BEAUX-ARTS, LES BELLES-LETTRES. — CURIOSITÉS BIBLIOGRAPHIQUES, ETC.

1. **About** (E.). Le Roi des Montagnes, 5ᵉ édition, illustrée par G. Doré. *Paris, Hachette et Cie*, 1861, gr. in-8, demi-rel. dos et coins de mar. r., dos orné, fil., tête dor., n. rog.

   Premier tirage des illustrations de Gustave Doré.

2. **About** (E.). La Vieille Roche. Le Mari imprévu — Les Vacances de la Comtesse — Le Marquis de Lanrose. *Paris, Hachette et Cie*, 1865-67. 3 vol in-8, demi-rel. dos et coins de mar. r., dos ornés, fil., tête dor., n. rog.

3. **About** (E.). Alsace (1871-1872), *Paris, Hachette et Cie*, 1873, in-12, demi-rel. dos et coins de mar. La Vall., tête dor., non rog. (*Petit-Simier*).

4. **Abyssiniennes** (les) et les Femmes du Soudan Oriental, d'après les relations de Bruce, Browne, Cailliaud, Gobat, Dr Cuny, Lejean, Baker, etc. *Turin, J. Gay*, 1876, pet. in-8, titre r. et n., lettres ornées, fleurons, mar. gren. foncé, dos orné, fil., dent. int , tr. dor. (*Smeers*).

   Tiré à 400 exemplaires numérotés.
   Exemplaire tiré sur papier vélin blanc n. 17.

5. **Adeline** (J.). Les Sculptures grotesques et symboliques (Rouen et Environs), préface par Champfleury, 100 vignettes et texte par Jules Adeline. *Rouen, Augé, s. d.*, in-12, demi-rel. dos et coins de mar. olive, dos orné, fil., tête dor., non rog. (*Masson-Debonnelle*).

**6. Aïssé** (Mlle). Lettres à M^me Calandrini, précédées d'une notice par A. Piedagnel. *Paris, librairie des bibliophiles,* 1878, in-16, pap de Holl., mar. r., dos orné, fil., dent. int, tr. dor. (*Masson-Debonnelle*).

> Tiré à petit nombre.

**7. Alembert** (d') et le Cte de **Guibert.** Le Tombeau de Mlle de Lespinasse, publ. par le Bibliophile Jacob, avec une eau-forte par Ad. Lalauze. *Paris, librairie des bibliophiles.* 1879, in-16, pap. de Holl., mar. r., dos orné, fil., dent. int., tr. dor. (*Masson-Debonnelle*).

> Tiré à petit nombre.

**8. Alsaciens** (Aux) et aux **Lorrains.** L'Offrande par la Société des Gens de Lettres. *Paris, librairie de la Société des gens de lettres,* 1873, in 8, titre r. et n., eau-forte, demi-rel. dos et coins de mar. r., tête dor., non rog. (*Petit-Simier*).

**9. Amanton.** Opuscules in-8, demi-rel. dos et coins de maroq. rouge, tête dor., non rog.

> 1° Lettres Bourguignonnes, où Correspondance sur divers points d'histoire littéraire, de biographie, de bibliographie, etc., par C.-N. Amanton. *Paris, A. A. Renouard, et Dijon, V. Lagier, août,* 1823, pet. in-8 de 76 pp , fac-similé.
>
> 2° Notices sur M. Chatillon, et sur M. Torombert, par C.-N. Amanton. *Dijon, impr. de Frantin,* 1830, pet. in-8 de 16 pp.(*Tirées à 100 exemplaires*).
>
> 3° Mémoire historique sur Vladislas, prince polonais, inhumé en 1388, en l'église Saint-Bénigne de Dijon ; lu à la séance particulière du 4 juillet 1832, par C.-N. Amanton, pet. in-8 de 22 pp.
>
> 4° Notice sur feu le marquis de Thyard. Membre honoraire de l'Académie des Sciences, Arts et Belles-Lettres de Dijon, lue à la séance particulière du 16 novembre 1831, par M. C. N. Amanton. *Dijon, impr. de Frantin,* avril 1832, pet. in-8 de 26 pp. (*Cette notice n'a été tirée qu'à 150 exemplaires*).
>
> 5° Éloge de M. le Marquis de Courtivron, associé honoraire résidant de l'Académie de Dijon, par C.-N. Amanton. *Dijon, impr. de Frantin,* 1835, pet. in-8 de 30 pp.
>
> 6° Notice sur Madame Gardel, par C.-N. Amanton. *Dijon, impr. de Frantin,* 1835, pet. in-8 de 7 pp.
>
> 7° Révélations sur les deux Crébillon, par C.-N. Amanton . *Paris, impr. de P. Baudouin,* pet. in-8 de 46 pp.

**10. Anacréon.** Odes, texte grec, avec traduction française et notice par Ambroise Firmin-Didot, et 54 sujets photographiés d'après les dessins de Girodet. *Paris, F.-Didot frères,* 1864. pet. in-16, texte encadré de filets rouges, cart. perc., non rog.

**11. Anacréon.** Poésies, nouvellement traduites et accompagnées d'une préface par Maurice Albert, Compositions d'Em. Lévy. grav. à l'eau-forte par Champollion, dessins de Giacomelli, grav. sur bois par Rouget. *Paris, librairie des bibliophiles*, 1885, pet. in-18, pap. vél. de Holl., texte encadré de fil. r., br , couv.

12. **Analectes** du Bibliophile, Recueil trimestriel contenant : Diverses pièces curieuses anciennes et modernes. Des analyses critiques et des extraits de diverses publications intéressantes, anciennes et modernes — Une correspondance, des mélanges philosophiques et littéraires des anecdotes, etc. Directeur, M. J. Gay. *Paris, J. Gay*, 1876, 3 vol. in-16, pap. vergé de Holl., mar. violet, dos ornés, fil., dent. int., tr. dor. (*Smeers*).

13. **Andrieu**. Types et Croquis Algériens. *Riom, U. Jouvet*, *s. d.*, 2 vol. pet. in-12, demi-rel. dos et coins de mar. gren., dos ornés, fil., tête dor , non rog.

14. **Angot l'Eperonnière** (Les Nouveaux Satires et Exercices gaillards d'). Texte original, avec notice et notes par P. Blanchemain. *Paris, Lemerre*, 1877. in-12, pap. de Holl., mar. r., dos orné, fil., dent. int., tr. dor. (*Masson-Debonnelle*).

15. **Anthologie des Poëtes Latins,** avec la traduction en français, par Eug. Fallex. *Paris, Lemerre*, 1878, 2 vol. pet. in-12, pap. teinté, mar. br., dos ornés, fil., dent. int., tr. dor. (*Petit-Simier*).

16 **Apulée**. L'Ane d'Or, ou la Métamorphose, traduction de Savalète, préface de J Andrieux, avec nombreuses gravures dessinées par A. Racinet et P. Bénard. *Paris, F.-Didot*, 1872, gr. in-8, pap. vél., titre r. et n., texte encadré, mar. La Vall., dos orné, mosaïque, fil., dent int., tr. dor. (*Petit-Simier*)

17. **Arbaumont** (J. d'). Essai historique sur la Sainte-Chapelle de Dijon. *Dijon, Lamarche*, 1863, in-4, pl., demi-rel. dos et coins de mar. vert, dos orné, fil., tête dor., non rog. (*Petit-Simier*).

18. **Arbaumont** (J. d') et P. **Foisset**. Le Clos de Vougeot *Dijon, Peutet-Pommey*, 1861, in-4 de 21 pp., vue, demi-rel. dos et coins de veau, br., dos orné, fil., tête dor., non rog.

19. **Arlotto** (Les Contes et Facéties d'), avec introduction et notes, par P. Ristelhuber. *Paris, Lemer*, 1873, in-16, pap. de Holl , v. porph., dos orné fil., dent. int., tr. dor. (*Petit-Simier*).

20. **Arsac** (J. d'). Mémorial du Siège de Paris. *Paris, Curot*. 1871, in-12, carte, demi-rel. dos et coins de mar. br., tête dor., non rog.

21. **Asseline** (L ). Marie Alacoque et le Sacré-Cœur. *Paris, A. Sagnier*, 1873, in-12 de 48 pp. rel. perc. non rog. (*Cartonn. d'amateur.*)

22. **Asselineau** (Ch.). Vie de Claire-Clémence de Maillé-Brézé, Princesse de Condé (1628-1694). *Paris. L Techener*, 1872, pet. in-12, pap. vélin, titre r. et n., demi-rel. dos et coins de mar. bl., tête dor., non rog. (*Petit-Simier.*)

23. **Aubigné** (Agrippa d'). Les Tragiques, édition nouvelle, publiée d'après le manuscrit conservé parmi les papiers de l'auteur, avec des additions et des notes par Ch. Read. *Paris, librairie des bibliophiles*, 1872, in-8, pap. vergé.

> Tiré à 530 exemplaires numérotés.

24. **Aucassin** et **Nicolette** Chantefable du XII° siècle, traduite par A. Bida, révision du texte original et préface par Gaston Paris. *Paris, Hachette et Cie*, 1878, gr. in-8 carré, eaux-fortes demi-rel. dos et coins de mar. violet, dos orné, fil., tête dor., non rog. (*Masson-Debonnelle* )

> Exemplaire tiré sur papier Whatman.

25. **Augier** (E.). Théâtre complet. *Paris, C. Lévy*, 1877-78, 7 vol. in-12, demi-rel. dos et coins de mar. vert, dos ornés, fil., tête dor., n. rog. (*Petit-Simier.*)

> Bel exemplaire sur papier vergé de Hollande.

26. **Aulnay** (Louis Dupré d'). Les Aventures du faux chevalier de Warwick, publ. par le Bibliophile Jacob, eau-forte par Ad. Lalauze. *Paris, librairie des bibliophiles*, 1880, in-16, pap. de Holl., mar. r., dos orné, fil., dent int., tr. dor. (*Masson-Debonnelle.*)

> Tiré à petit nombre.

27. **Aventures** de l'abbé de Choisy habillé en femme, avec un avertissement d'après un avant-propos de M. P. L. *Bruxelles, Kistemaeckers*, 1880, pet. in-8, pap. de Holl., front. par Chauvet, mar. vert, dos orné, fil., dent. int., tr. dor. (*Masson-Debonnelle.*)

> Edition de bibliophile tirée à 250 exemplaires.

28. **Aventures** (Les) de Til Ulespiègle, première traduction complète, faite sur l'original allemand de 1519, précédée d'une notice et suivie de notes, par P. Jannet. *Paris, E. Picard*, 1866, in-16, pap. vél., mar. br., dos orné, encadrem. de fil. avec coins, dent. int., tr. dor. (*Petit-Simier.*)

29. **Aventures** du Baron de Münchhausen, traduction nouvelle, par Th. Gautier fils, illustrées par G. Doré. *Paris, C. Furne, s. d.* (1862), in-4, cart. perc. r., fers spéciaux, n. rog. *(Cart. de l'éditeur.)*

> Premier tirage des Illustrations de Gustave Doré.

30. **Bachelin** (A.). Noblesse de Contrebande, par Toison d'Or (A. Bachelin). *Paris*, 1883, pet. in-8, pap. vergé teinté, br., couv.

31. **Baillon** (C<sup>te</sup> de). Histoire de Louise de Lorraine), reine de France (1553-1601). *Paris, L. Techener*, 1884, pet. in-8, pap. vél., portr., br., couv.

32. **BALZAC** (H. de). **ŒUVRES COMPLÈTES.** (Edition définitive). *Paris, Lévy frères*, 1869-1876, 24 vol. gr. in-8, portr., mar. r., dos ornés, fil., dent. int., tête dor., n. rog. *(Petit-Simier.)*

> Bel exemplaire, tiré sur grand papier de Hollande.

33. **Balzac** (H. de). Les Contes drolatiques, colligez ez abbayes de Touraine mis en lumière pour l'esbattement des Pantagruélistes et non aultres. Cinquiesme édition illustrée de 425 dessins par Gustave Doré. *Se trouve à Paris, ez bureaux de la Société générale de librairie*, 1855, in-8, demi-rel. mar. La Vall., dos orné, tête dor , non rog.

> Première édition illustrée par Gustave Doré.

34. **Balzac** (H. de). Petites Misères de la Vie conjugale. Illustrées par Bertall. *Paris, Chlendowski, s d.* (1845), gr. in-8, demi-rel. dos et coins de mar. citron, dos orné mosaïque, fil., tête dor., tr. grattées *(Petit-Simier.)*

> Première édition.

35. **Barbey d'Aurevilly** (J.). L'Ensorcelée. *Paris, Lemerre*, 1878, pet. in-12, pap. vélin teinté, portr., mar. r., dos orné, fil., dent. int., tr. dor. *(Masson-Debonnelle.)*

36. **Barbey d'Aurevilly** (J.). Le Chevalier des Touches. *Paris, Lemerre*, 1879, pet. in-12, pap. vélin teinté, portr., mar. r., dos orné, fil., dent. int., tr. dor. *(Masson-Debonnelle.)*

37. **Barbey d'Aurevilly** (J.). Du Dandysme et de Georges Brummell, 3<sup>e</sup> édit. *Paris, Lemerre*, 1879. pet. in-12, pap. vélin teinté, portr. mar. r., dos orné, fil., dent. int., tr. dor. *(Masson-Debonnelle.)*

38. **Barbey d'Aurevilly** (J.). Une vieille maîtresse. *Paris, Lemerre*, 1879, 2 vol. pet. in-12, pap. vélin teinté, ornés

de 11 eaux-fortes dess. et grav. par F. Buhot, mar. r., dos ornés, fil., dent. int., tr. dor. *(Masson-Debonnelle.)*

39. **Barbet de Jouy.** **LES GEMMES ET JOYAUX DE LA COURONNE** au Musée du Louvre, expliqués par M. Barbet de Jouy, dessinés et gravés à l'eau-forte d'après les originaux par J. Jacquemart (Livraisons I à XXX). *Paris, L. Techener*, 1882-85, 30 livraisons in-fol., pap. vergé du Marais, couv.

40. **Barron** (L.). Les Environs de Paris, ouvrage illustré de 500 dessins d'après nature, par G. Fraipont et accompagné d'une carte en couleur. *Paris, Quantin, s. d.* (1886), in-4, titre r. et n. rel. perc., fers spéciaux, tr. dor., couv. illust.

41. **Bastide** (J.-F.). La Petite Maison, publ. par le Bibliophile Jacob, avec une eau-forte par Ad. Lalauze. *Paris, librairie des bibliophiles*, 1879, in-16, pap. de Holl., mar. r., dos orné, fil., dent. int., tr. dor. (*Masson-Debonnelle.*)

Tiré à petit nombre.

42. **Beaulieu** (De). Mémoire adressé à la Nation, pour Marie-Thérèse-Charlotte de Bourbon, fille de Louis XVI, suivi d'une opinion adressée à la Convention nationale, pour la fille de Louis XVI, pour Louise-Marie-Adélaïde Bourbon d'Orléans, et Louise-Thérèse-Bathilde Bourbon-d'Orléans. *Paris, chez les marchands de nouveautés*, 1795, in-8 de 23 pp., demi-rel. dos et coins de mar. r., tête dor.

43. **Beaumarchais.** Théâtre complet. Réimpression des éditions princeps, avec les variantes des manuscrits originaux, publ. pour la première fois par G. d'Heylli et F. de Marescot. *Paris, Académie des bibliophiles*, 1869-1871, 4 vol. in-8, portr. à l'eau-forte par A. Gilbert, mar. bl., dos ornés, encadrem. de fil. avec coins, dent. int., tête dor., non rog., couv. (*Petit-Simier.*)

Tiré à 525 exemplaires numérotés. Exemplaire sur papier vergé Nº 97.

44. **Beaumarchais** (De). Clavijo, avec une préface par de Lescure. *Paris, librairie des bibliophiles*, 1880, in-16, pap. de Holl., mar. r., dos orné, fil., dent. int., tr. dor. (*Masson-Debonnelle.*)

Tiré à petit nombre.

45. **Beaumarchais** Barbier de Séville, — Mariage de Figaro, préface de Vitu, dessins de S. Arcos, grav. à l'eau-forte par Monziès. *Paris, librairie des bibliophiles*, 1882, 2 vol. in-16, pap. de Holl., br., couv.

**46. Beaune** (H.). Le Palais de Justice et l'ancien Parlement de Dijon. *Dijon, Lamarche*, 1872, in-16, vue, demi-rel. dos et coins de mar. La Vall., tête dor., non rog. *(Petit-Simier.)*

**47. Beauvau** (Souvenirs de la maréchale Princesse de), née Rohan Chabot, suivis des Mémoires du maréchal Prince de Beauvau, recueillis et mis en ordre par M$^{me}$ Standish (née Noailles) son arrière petite-fille *Paris, L. Techener*, 1872, 2 tom. en 1 vol. in-8, pap. vélin, titre r. et n., portraits à l'eau-forte par Ed. Hédouin, d'après Cochin, v. f , dos orné, fil., dent. int., tr. dor. *(Petit-Simier.)*

**48 Béranger** (Les Gaietés de). Recueil des meilleures chansons érotiques et satiriques de ce poète, non recueillies, en partie, dans ses œuvres prétendues complètes. *Villafranca, imprimé par les presses de la Société des Bibliophiles Cosmopolites*, 1875, pet. in-8, pap. vél. anglais, front. sur chine volant, mar. bl., dos orné, fil., dent. int., tr. dor. *(Smeers.)*

    Tiré à 300 exemplaires.

**49. Belleval** (Louis-René de). Souvenirs d'un Chevau-Léger de la garde du roi, publiés par René de Belleval, son arrière-petit-fils. *Paris, Aubry*, 1866, pet. in-8, pap. vélin, portr., v. f., dos orné, fil., dent. int., tr. dor. *(Petit-Simier.)*

**50. Berchoux** (J. de). La Gastronomie, poëme en quatre chants, publ. avec une notice et des notes, par F. Desvernay. *Paris, librairie des bibliophiles*, 1876, in-16, pap. de Holl., mar. gren., dos orné, fil., dent. int., tr. dor. *(Smeers )*

    Tiré à petit nombre.

**51. Bernard** (Gentil). L'Art d'aimer, poëme en trois chants, publié par F. de Marescot. *Paris, librairie des bibliophiles*, 1874, in-16, pap. de Holl , mar. r., dos orné, fil., dent. int., tr. dor. *(Chambolle-Duru)*.

**52. Bervalde de Verville.** Le Moyen de parvenir, œuvre contenant la raison de ce qui a esté, est et sera, avec demonstrations certaines selon la rencontre des effects de vertu, nouv. édit., collationnée sur les textes anciens, avec notes, variantes, index, glossaire et notice bibliographique, par un Bibliophile Campagnard. *Paris, L. Willem*, 1870-72, 2 vol. — Contes en vers imités du Moyen de parvenir, par Autreau, Dorat, Grécourt, La Fontaine, Vergier, etc., avec les imitations de M. le comte de Che-

vigné et celles d'Epiphane Sidredoulx. *Paris, L. Willem,*
1874, 1 vol. Ensemble, 3 vol. pet. in-8, pap vergé, portr.
et vign. en-têtes de page, mar. br., dos ornés, milieux or,
dent. int., tr. dor. *(Petit-Simier).*

Ouvrages, imprimés à petit nombre, aux frais et pour le compte
des Souscripteurs, n'ont pas été mis en vente.

**53. Besenval** (Baron de). Contes, avec une notice bio-bibliographique, par O. Uzanne. *Paris, Quantin,* 1881, in-8,
portr., en-tête et cul-de-lampe à l'eau-forte, br., couv.

L'un des 30 exemplaires tirés sur papier Whatman blanc, avec dou·
ble épreuve du portrait et du cul-de-lampe, en sanguine avant la
lettre et en noir avec la lettre.

**54. Bible des Noëls** (La Grande), nouv. édit., revue, corrigée et mise dans un meilleur ordre, augmentée des
Noels d'Orléans, Blois, Bourges, Tours, Artenay, Saint-
Benoit-sur-Loire, Arpajon et Clamecy et d'un vocabulaire
pour l'intelligence du vieux langage. *Orléans, Herluison,*
1866, in-12, grav. sur le titre, v. f., dos orné, fil., dos orné,
fil , dent. int., tr. dor. *(Petit-Simier).*

L'un des 33 exemplaires tirés sur papier de Hollande.

**55. Bibliographie** des Ouvrages relatifs aux Pélerinages,
aux Miracles, au Spiritisme et à la Prestidigitation, imprimés en France et en Italie, l'an du jubilé 1875. *Turin,*
1876, pet. in-8, lettres ornées, fleurons, mar r. foncé, dos
orné, fil., dent. int., tr. dor. *(Smeers).*

Tiré à 300 exemplaires numérotés.
Exemplaire tiré sur papier vélin de fil à la forme, nº 236.

**56. BIBLIOPHILE FRANÇAIS** (Le). Gazette illustrée
des Amateurs de Livres, d'Estampes et de haute curiosité.
*Paris, Bachelin-Deflorenne,* 1868-1873, 7 vol. in-4, pap.
vergé, portraits, planches hors texte et nomb. fig. dans
le texte, demi-rel. dos et coins de mar. br., tête dor., non
rog. *(Petit-Simier).*

**57. BIBLIOTHÈQUE ELZÉVIRIENNE.** *Paris, Janet,*
1854-1880, 159 vol. in-12, cart. perc. r., non rog.

Latour-Landry. — L'Internelle Consolation. — La Rochefoucauld.
— La Bruyère, 2 vol. — Gérard de Rossillon. — Dolopathos. —
Floire et Blanceflor. — Jehannot de Lescurel. — Recueil de poésies
françoises des XVᵉ et XVIᵉ siècles, 13 vol. — Villon (François). —
Coquillart, 2 vol. — Gringore, 2 vol. — Roger de Collerye. — Ron-
sard (P. de), 8 vol. — Agrippa d'Aubigné. — Regnier. — Hervé (d'). —
Gaultier Garguille. — Théophile, 2 vol. — Racan, 2 vol. — Saint-
Amant, 2 vol. — Vieux Mémoriaux de l'Abbaye de Saint-Aubin-des-
Bois en Bretagne. — La Fontaine, 5 vol. — Chapelle et Bachaumont.
— Senecé. Œuvres choisies. — Senecé Œuvres posthumes. — Tas-
chereau, Vie de P. Corneille. — Corneille (P.). 2 vol. — Hitopadesa.
— Nouvelles françoises du XIIIᵉ siècle. — Nouvelles françoises du

XIV⁰ siècle. — Melusine, par J. d'Arras. — Quinze joyes de mariage. — Evangiles des Quenouilles. — Cent Nouvelles nouvelles, 2 vol. — Roman de Jehan de Paris. — Morlini — Violier (le) des histoires romaines. — Periers (B. des), 2 vol. — Rabelais, 2 vol. — Straparole, 2 vol. — Nouvelle fabrique. — Faeneste. — Caquets de l'accouchée. — Scarron. Roman comique, 2 vol. — Furetière. Roman bourgeois. — Six mois de la vie d'un jeune homme. — Aventures de don Juan de Vargas. — Chroniques de Charles VII, 3 vol — Brantôme (tome IàVI 6 vol. — Mémoires de Marguerite de Valois. — Courriers (les) de la Fronde, 2 vol. — Mémoires de Tavannes et deBalthazar. — Mémoires de Mᵐᵉ de La Guette. — Dictionnaire (le) des Précieuses, 2 vol. — Mémoires et correspondance de la marquise de Courcelles. — Histoire amoureuse des Gaules, 4 vol. — Mémoires et journal inédit du marquis d'Argenson, 5 vol. — Histoire du Pérou. —Histoire (l') notable de la Floride. — Ambassades du comte de Carlisle. — Mémoires de l'Académie royale de peinture et de sculpture, 2 vol. Variétés historiques et littéraires, 10 vol. — Remy Belleau. 3 vol. — Plaisir (le) des champs. — Grand Parangon (le). — Mémoires de Henri de Campion. — Famille de Ronsard (la). — Noël du Fail, 2 vol. — Melin de Sainct-Gelays, 3 vol. — Rutebeuf, 3 vol. — Livre (le) commode des adresses de Paris, 2 vol. — Roman (le) de la Rose, 5 vol. — Livre des Peintres et Graveurs. — Tabarin, 2 vol. — Ancien Théâtre-Français, 10 vol. — Catalogue raisonné de la Bibliothèque elzévirienne. 1853-1870.

**58. BIBLIOTHÈQUE GAULOISE.** *Paris, A. Delahays,* 1858-1860, 19 vol. pet. in-12, pap. vergé, cart. perc.verte, n. rog.

B. des Périers. Cymbalum Mundi, 1 vol. — Scarron. Le Virgile travesti, 1 vol. — Louis XI. Les Cent Nouvelles nouvelles, 1 vol. — Tabarin. Œuvres. 1 vol. — Cyrano de Bergerac. Œuvres comiques, 3 vol. — Dassoucy. Aventures burlesques, 1 vol. — Sorel La vraie histoire comique de Francion, 1 vol. — Vaux-de-Vire d'Olivier Basselin, 1 vol. — La Fontaine. Contes et Nouvelles,1 vol. — Desportes. Œuvres poétiques, 1 vol. — Histoire maccaronique de Merlin Coccaie. 1 vol. — Le Livre des Proverbes français, 2 vol. — Recueil de farces, soties et moralités, 1 vol. — Paris ridicule et burlesque au XVII⁰ siècle, 1 vol. — Chronique de la Pucelle, 1 vol. — Œuvres de Regnier, 1 vol.

**59. BIBLIOTHÈQUE SPIRITUELLE,** publiée par M. **Silvestre de Sacy**, avec une notice à chaque ouvrage. *Paris, J. Téchener,* 1854-1860, 17 vol. in-16, rel. en 15, titre r. et n.. mar. La Vall. foncé, dos ornés à petits fers, encadrem. de fil. avec coins, dent. int., tr. dor. *(Masson-Debonnelle).*

Cette collection choisie parmi les chefs-d'œuvre de la littérature chrétienne, en langue française,est ainsi composée : Le Nouveau Testament de N. S. Jésus-Christ, 3 vol - Imitation de J.-C., 1 vol. — Introduction à la vie dévote de François de Sales, 2 vol. - Lettres spirituelles de Fénelon. 3 vol. — Choix des petits traités de morale de Nicole, 1 vol. — Lettres de piété et de direction, écrite à la sœur Cornuau, par Bossuet, 2 vol. — Choix des traités de morale chrétienne de Duguet, 2 vol. — Sermons choisis de Bossuet, de Bourdaloue et de Massillon, 3 vol.
Bel exemplaire tiré sur papier de Hollande.

**60. Blanc** (Ch.). Les Trésors de l'art à Manchester. *Paris, Pagnerre*, 1857, in-12, dem.-rel. dos et coins de mar. r., dos orné, fil., tête dor., non rog.

Édition originale.

**61. Blanc** (Ch.). **HISTOIRE DES PEINTRES DE TOUTES LES ÉCOLES**. *Paris, Renouard*, 1865-1876, 14 vol. gr. in-4, nomb. fig. dans le texte, dem.-rel. dos et coins de mar. gren., dos ornés, fil., tête dor., n. rog. (*Petit-Simier*).

Ecole Française, 3 vol. — Ecole Vénitienne, 1 vol. — Ecole Flamande, 1 vol — Ecole Espagnole, 1 vol. — Ecole Ambrienne et Romaine, 1 vol. — Ecole Anglaise, par W. Bürger. 1 vol. — Ecole Bolonaise, 1 vol. — Ecole Allemande, 1 vol — Ecole Milanaise, 1 vol. — Ecole Florentine. 1 vol. — Ecole Hollandaise, 2 vol.

**62. Blanc** (L.). Histoire de la Révolution française. *Paris, Langlois et Leclercq, Pagnerre, Furne et Cie*, 1847-1862, 12 vol — Histoire de dix ans (1830-1840), 10° édit., augmentée de nouveaux documents diplomatiques. *Paris, Pagnerre, s. d.*, 5 vol., portraits et figures. — Histoire de 8 ans (1840-1848), par Elias Regnault, faisant suite à l'Histoire de dix ans. *Paris, Pagnerre*, 1860, 3 vol., portraits et figures. — Ensemble 20 vol. in-8, dem.-rel. dos et coins de v. f., dos ornés, fil., tête dor., non rog.

**63. Boccace** (Les dix journées de Jean), traduction de Le Maçon. Réimprimée par les soins de D. Jouaust, avec notice, notes et glossaire, par Paul Lacroix, 11 eaux-fortes par Flameng. *Paris, librairie des bibliophiles*, 1873, 4 vol. in-16, pap. de Holl., mar. r. foncé, dos ornés, fil , dent. int., tr. dor. *(Petit-Simier)*.

Epuisé.

**64. Boccace**. Le Décaméron, traduction complète par Antoine Le Maçon, secrétaire de la Reine de Navarre (1545). *Paris, Liseux*, 1879, 6 vol. pet. in-18, fig. sur bois, mar. citron, dos ornés, fil., dent. int., tr. dor. *(Masson-Debonnelle)*.

**65. Boileau** (N.). Œuvres poétiques, suivies d'Œuvres en prose, publ. avec notes et variantes, par P. Chéron *Paris, librairie des Bibliophiles*, 1876, 2 vol. in-16, pap. de Holl., mar. bl., dos ornés, fil., dent. int., tr. dor. *(Smeers)*.

Tirés à 500 exemplaires numérotés.

**66. Bonnaffé** (Edm.). Les Collectionneurs de l'ancienne France. Notes d'un Amateur. *Paris, Aubry*, 1873, in-12, pap. vergé de fil. mar. bl., dos orné, fil. à fr. et dent. or., int., tr. dor. *(Petit-Simier)*.

Tiré à 600 exemplaires numérotés.

67. **Bonnaffé** (Edm.). Le Meuble en France au XVIe siècle, ouvrage orné de 120 dessins. *Paris, J. Rouam*, 1887, in-4, br., couv.

68. **Bonnardot** (A ). **Parisien**. Etudes archéologiques sur les Anciens Plans de Paris, des XVIe, XVIIe et XVIIIe siècles. *Paris, Deflorenne*, 1851, in-4, demi-rel. dos et coins de mar. r., tête dor., non rog. *(Petit-Simier)*.

Tiré à 200 exemplaires.

69. **Bonnardot** (A.). **Parisien**. Etudes archéologiques sur les Anciens Plans de Paris, des XVIe, XVIIe et XXIIIe siècles. *Paris, Deflorenne*, 1851. — Appendice aux Etudes archéologiques sur les anciens plans de Paris et aux dissertations sur les Enceintes de Paris, par Alf. Bonnardot, parisien. *Paris, H. Champion*, 1877. Ensemble 1 vol. in-4, pap. vergé, pl., dem.-rel. dos et coins de mar. vert, tête dor., non rog. *(Petit-Simier)*.

Tiré à 200 exemplaires.

70. **Bonnardot** (A.), **Parisien**. Dissertations archéologiques sur les Anciennes Enceintes de Paris, suivies de recherches sur les Portes fortifiées qui dépendaient de ces enceintes. Ouvrage formant le complément de celui intitulé : Etudes archéologiques sur les Anciens Plans de Paris. *Paris, J.-B. Dumoulin*, 1852, in-4, pl., dem.-rel. dos et coins de mar. vert, tête dor., non rog. *(Petit-Simier)*.

Tiré à 200 exemplaires.

71. **Bonnardot** (H.). Monographie du VIIIe arrondissement de Paris, étude archéologique et historique, avec 9 planches. *Paris, Quantin*, 1880, in-4, br., couv.

Tiré à 550 exemplaires numérotés. Exemplaire tiré sur papier vélin. N° 349.

72. **Bonnassies** (J.). Les Auteurs dramatiques et la Comédie-Française à Paris, aux XVIIe et XVIIIe siècles, d'après des Documents inédits (extraits des Archives du Théâtre-Français). *Paris, L. Willem et P. Daffis*, 1874, in-16, pap. vergé des Vosges, mar. violet, dos orné, encadrem. de fil. à froid et dent. or avec coins sur les pl., dent. int , tr. dor. *(Petit-Simier.)*

Tiré à 350 exemplaires.

73. **Bontems** (Gérard). La Galerie des Curieux. Réimprimée textuellement sur les éditions originales avec une notice bibliographique. *Nice, J. Gay et fils*, 1873, pet. in-12, mar. vert, dos orné, fil., dent. int., tr. dor. *(Smeers.)*

Tiré à 100 exemplaires numérotés. Exemplaire tiré sur papier vélin anglais, n° 71.

74. **Bordier** (H.) et E. **Mabille**. Une fabrique de faux autographes, ou Récit de l'affaire Vrain Lucas. *Paris, L. Techener*, 1870, in-4, pl., demi-rel. dos et coins de mar. r. foncé, tète dor., non rog. (*Petit-Simier.*)

75. **Bordier** (H.) et L. **Brièle**. Les Archives hospitalières de Paris. *Paris, H. Champion*, 1877, gr. in-8, pap. de Holl., titre r. et n., fig., mar. r., dos orné, fil., dent. int., tr. dor. (*Masson-Debonnelle.*)

> Ce volume n'a été tiré qu'à 150 exemplaires. N° 65.

76. **Bossuet**. Elévations à Dieu sur tous les mystères de la Religion chrétienne, nouv. édit. revue et précédée d'une introduction par Silvestre de Sacy. *Paris, L. Techcner*, 1875, 2 vol. pet. in-8, titre r. et n., mar. La Vall., dos ornés, encadrem. de fil. avec coins, dent. int., tr. dor. (*Masson-Debonnelle.*)

> Exemplaire en grand papier de Hollande.

77. **Bouchard** (Les Confessions de J.-J.), Parisien, suivies de son voyage de Paris à Rome en 1630, publ. pour la première fois sur le mss. de l'auteur. *Paris, Liseux*, 1881, in-8 écu, pap. vergé, br., couv.

78. **Bouchet** (Les Serées de Guillaume), sieur de Brocourt, avec notice et index, par C. E. Roybet (Tom. I à IV). *Paris, Lemerre*, 1873-75, 4 vol. in-12 écu, pap. de Holl., mar. r., dos ornés, fil., dent. int., tr. dor. (*Chambolle-Duru.*)

79. **Boudon** (Philippe), sieur de La Salle. Mémoires (1626-1652), publiés sur le manuscrit inédit, avec notes et introduction, par le C^te de Baillon. *Paris, L. Techener*, 1870, pet. in-8, pap. vergé de Holl., titre r. et n. v. f., dos orné, fil., dent. int., tr. dor. (*Petit-Simier.*)

80. **Boufflers** (De). Contes, avec une notice bio-bibliographique par O. Uzanne. *Paris, Quantin*, 1878, in-8, portr., en-tête et cul-de-lampe à l'eau-forte, mar. r., dos orné, fil., dent. int., tr. dor. (*Masson-Debonnelle.*)

> L'un des 30 exemplaires tirés sur papier Whatman blanc, avec double épreuve du portrait et du cul-de-lampe, en sanguine avant la lettre, et en noir avec la lettre.

81. **Bougaud** (Abbé). Etude historique et critique sur la mission, les actes et le culte de Saint-Bénigne apôtre de la Bourgogne, et sur l'origine des Eglises de Dijon, d'Autun et de Langres. *Autun, imp. de M. Dejussieu*, 1859, gr. in-8. pl., demi-rel., dos et coins de mar. La Vall. foncé, dos orné, tête dor., non rog.

82. **BOUQUET** (Dom Martin). **RECUEIL DES HISTO-**

**RIENS DES GAULES ET DE LA FRANCE**. Nouvelle édition publiée sous la direction de M. Léopold Delisle. *Paris, V. Palmé*, 1869-1880, 19 vol. in-fol., pap. vergé teinté, rel. et br.

> Les tomes I à XIV, sont en demi-rel., dos et coins de mar. vert, tête dor , non rog., le reste broché.
> Manque le tome XI.

83. **Bourdaloue**. Pensées sur divers sujets de Religion et de Morale, précédées d'une introduction, par M. Silvestre de Sacy. *Paris, L. Techener*, 1868, 2 vol. in-12, titre r. et n., demi-rel. dos et coins de mar. gren., tête dor., non rog.

84. **Boursault**. Le Portrait du Peintre, où la contre-critique de l'Ecole des Femmes (1663), comédie en un acte et en vers, avec une notice par le Bibliophile Jacob. *Paris, librairie des bibliophiles*, 1879, in-16, pap. vergé, mar. r., dos orné, fil., dent. int., tr. dor. (*Masson-Debonnelle*.)

> Tiré à 340 exemplaires numérotés. N° 139.

85. **Boutmy** (E.). Dictionnaire de la langue verte typographique, précédé d'une Monographie des Typographes, et suivi de chants dus à la Muse typographique, *Paris, Liseux*, 1878, in-16, pap. de Holl., demi-rel. dos et coins de mar. citron, dos orné mosaïque, fil., tête dor., non rog.

> Tiré à 500 exemplaires.

86. **Boutray**. L'Incendie du Palais de Paris en 1618. Relation de Raoul Boutray Réimprimée pour la première fois, avec une introduction et des notes par H. Bonnardot. *Paris, L. Willem*, 1879, in-16, mar. r., dos orné, fil., dent. int., tr. dor. (*Masson-Debonnelle* )

> Tiré à 350 exemplaires numérotés. Exemplaire tiré sur papier vergé des Vosges, n° 92

87. **Brantome**. Les Vies des Dames galantes, d'après l'édition originale de 1666, et les copies et manuscrits de la Bibliothèque nationale, accompagnées de notes critiques et historiques, et d'une notice sur Brantome, par Eug. Vignon, gravures d'après H. Pille par Champollion. *Paris, Arnaud et Labat*, 1879, 3 vol. in-16, pap. vergé, titre r. et n., mar. bl., dos ornés, fil., dent. int., tr. dor. (*Masson-Debonnelle.)*

> Tiré à petit nombre.

88. **Brantome**. Les Sept discours touchant les Dames galantes, publ. sur les mss. de la Bibliothèque nationale par H. Bouchot, dessins d'Ed. de Beaumont, gravés par E.

Boilvin. *Paris, librairie des bibliophiles*, 1882, 3 vol. in-16,
pap. de Holl., br., couv.

89. **Brillat Savarin**. Physiologie du goût, avec une pré-
face par Ch. Monselet, eaux-fortes par Ad. Lalauze.
*Paris, librairie des bibliophiles*, 1879, 2 vol. in-16, pap. de
Holl., mar. r., dos ornés, fil., dent. int., tr. dor. *(Masson-
Debonnelle.)*

90. **Brivois** (J.). Guide de l'amateur. Bibliographie des Ouvrages illustrés du XIX^e siècle, principalement des livres
à gravures sur bois. *Paris, L. Conquet*, 1883, gr. in-8,
pap. vergé, br., couv.

91. **BRUNET** (J.-Ch.). **MANUEL DU LIBRAIRE ET
DE L'AMATEUR DE LIVRES**, 5ᵉ édit. originale entièrement refondue et augmentée d'un tiers par l'auteur.
*Paris, F. Didot et Cie*, 1860-65, 6 tom. en 12 vol. — Supplément, contenant : un Complément du dictionnaire bibliographique de J.-Ch. Brunet, et la Table alphabétique
et raisonnée des Articles, par MM. P. Deschamps et G.
Brunet. *Paris*, 1878-1880, 2 vol. — Ensemble 14 vol. gr.
in-8, demi-rel, dos et coins de mar. r., tête dor., n. rog.
*(Petit-Simier.)*

    Bel Exemplaire en grand papier.

91 *bis*. — Supplément (Tome I^er), gr. in-8, demi-rel. dos et
coins de mar.r.,tête dor., n. rog.*(Tiré sur grand papier.)*

92. **Buttet** (Les Œuvres poétiques de Marc-Claude de), Sa-
voisien, nouv. édit. avec une introduction par A. Philibert-
Soupé. *Lyon, N. Scheuring*, 1877, pet. in-8, titre r. et n.,
texte encadré de fil. r., mar. La Vall. foncé, dos orné,
fil., dent. int., tr. dor. *(Masson-Debonnelle.)*

    Tiré à 301 exemplaires.
    L'un des 250 tirés sur papier teinté.

93. **Buttet** (M.-C. de). Œuvres poétiques, précédées d'une
notice sur l'auteur et accompagnées de notes, par le Bibliophile Jacob. *Paris, librairie des bibliophiles*, 1880,
2 vol. in-16, pap. vergé, br., couv.

94. **Cabellero** (F.). La Créole de la Havane, trad. de l'Espa-
gnol par Alph. Marchais. *Paris, Arnauld de Vresse, s. d.*,
in-12, demi-rel. dos et coins de mar. br., tête dor., non
rog.

    Edition originale.

95. **Cabinet satyrique** (Le), où Recueil parfaict des vers
piquants et gaillards de ce temps, tiré des secrets cabi-
nets des sieurs de Sygognes, Regnier, Motin, Berthelot,

Maynard et autres des plus signalez poëtes de ce siècle,
nouv. édit. complète, revue sur les éditions de 1618 et de
1620 et sur celle dite du Mont-Parnasse, sans date. *S. l.,
l'an* 1864, 2 tom. en 1 vol. pet. in-18, titre r. et n., front.
gr., mar. r., dos orné, fil., dent. int., tr. dor. *(Smeers )*

> Exemplaire tiré sur papier de Chine

96. **Cabrol** (E.). Etienne Marcel Prévot des Marchands,
drame en cinq actes et huit tableaux, en vers, orné de
6 dessins fac-simile, des miniatures des Chroniques de
Saint-Denis, ayant appartenu à Charles V et que possède
la Bibliothèque Nationale, gravés sur bois par Lemaire.
*Paris, librairie des bibliophiles*, 1878, in-8, mar. vert, dos
orné, fil., dent. int., tr. dor. *(Masson-Debonnelle.)*

> Tiré à 110 exemplaires format in-8. Exemplaire tiré sur papier de
> Hollande.

97. **CAHIER** (Le P. Ch.). **NOUVEAUX MÉLANGES
D'ARCHÉOLOGIE**, d'histoire et de littérature, sur le
moyen âge, par les auteurs de la Monographie des Vitraux
de Bourges (Ch. Cahier et feu Arth Martin de la C$^{ie}$ de
Jésus), collection publiée par le P. Ch. Cahier. *Paris, F.-
Didot et Cie*, 1874-77, 4 vol. gr. in-4, nomb. fig dans le
texte et pl. hors texte, demi-rel. dos et coins de mar.
La Vall., dos ornés mosaïque, fil., tête dor., non rog.
*(Petit-Simier.)*

98. **Campardon** (E ). Les Comédiens du roi de la troupe
française, pendant les deux derniers siècles. Documents
inédits recueillis aux Archives nationales. *Paris, Champion*, 1879, in-8, pap. vergé, demi-rel. dos et coins de
mar. gren., dos orné, fil., tête dor., non rog. *(Masson-
Debonnelle.)*

99. **Campardon** (E.). La Cheminée de Mme de la Poupe-
linière. *Paris, Charavay frères, s. d.*, in-32, eau-forte
dess. et gr. par Greux. têtes de pages, fleurons et front.,
mar. La Vall., dos orné, fil., dent. int., tr. dor. *(Masson-
Debonnelle.)*

> Tiré à 233 exemplaires numérotés. Exemplaire sur papier de
> Hollande.
> Epuisé.

100. **Caquets** (Les) de l'Accouchée, publ. par D. Jouaust,
avec une préface de L. Ulbach, eaux-fortes par Ad. La -
lauze. *Paris, librairie des bibliophiles*, 1888, in-16, pap.
de Holl., br., couv.

101. **Carnet d'un Mondain**, gazette parisienne, anecdotique et curieuse, par Etincelle, 100 illustrations en noir

et 5 planches en couleurs, composées par A. Ferdinandus. *Paris, Rouveyre*. 1881, in-8 écu, pap. vél. br., couv. impr. en couleurs.

**102. Carnot** (Mémoires sur), par son fils. *Paris, Pagnerre*, 1861-63, 2 vol. gr. in-8, portr. mar. br., dos ornés, encadrem. de fil. à froid avec coins or, dent. int., tête dor., non rog. (*Petit-Simier*.)

Exemplaire en grand papier vergé de Hollande.

**103. CASANOVA** (J.). Mémoires écrits par lui-même. Edition complète. *Bruxelles. J. Rozez*, 1872, 6 vol. in-8, pap. vergé, mar. r. foncé jans., dent. int., tr. dor. (*Petit-Simier*.)

**104. Caumont** (A. de) Abécédaire, où Rudiment d'Archéologie. — Architecture civile et militaire. — Architecture religieuse. — Ere Gallo-Romaine, avec un Aperçu sur les temps préhistoriques. *Caen, Le Blanc-Hardel*, 1869-1870. 3 vol. in-8, portr. et nomb. fig. dans le texte, demi-rel. dos et coins de mar. vert, dos ornés, fil., tête dor., non rog. (*Petit-Simier*.)

**105. Caylus** (C<sup>te</sup> de). Facéties, avec une notice bio-bibliographique par O. Uzanne. *Paris, Quantin*, 1879, in-8, portr., en-tête et cul-de-lampe à l'eau-forte, mar. r., dos orné, fil., dent. int., tr. dor. (*Masson-Debonnelle*.)

L'un des 30 exemplaires tirés sur papier Whatman blanc, avec double épreuve du portrait et du cul-de-lampe, en sanguine avant la lettre, et en noir avec la lettre.

**106. Cazotte** (J ). Le Diable amoureux, avec une introduction par A. Piedagnel. *Paris, librairie des bibliophiles*, 1877, in-16, pap. de Holl., mar. gren., dos orné, fil., dent. int., tr. dor. (*Smeers*.)

Tiré à petit nombre.

**107. Cazotte** (J.). Le Diable amoureux, avec la préface de Gérard de Nerval, 7 eaux-fortes par Ad. Lalauze. *Paris, librairie des bibliophiles*, 1883, in-16, pap. de Holl, br., couv.

**108. Cazotte** (J.). Contes, avec une notice bio-bibliographique par O. Uzanne. *Paris, Quantin*. 1880, in-8, portr., en-tête et cul-de-lampe à l'eau-forte, br., couv.

L'un des 30 exemplaires tirés sur papier Whatman blanc avec double épreuve du portrait et du cul-de-lampe, en sanguine avant la lettre, et en noir avec la lettre.

**109. Cénac-Moncaut.** Contes populaires de la Gascogne.

*Paris, Dentu,* 1861, in-12, demi-rel. dos et coins de v. f.,
dos orné, fil., tête dor., n. rog. (*Petit-Simier.*)

Edition originale.

110. **Cervantès**. Histoire de Don Quichotte de la Manche,
première traduction française par C. Oudin et F. de
Rosset, avec une préface par E. Gebhart, dessins de J.
Worms, gravés à l'eau-forte par le Los Rios. *Paris,
librairie des bibliophiles*, 1884, 6 vol. in-16, pap. de Holl.,
br., couv.

111. **Chamfort** (N.). Œuvres choisies, publ. avec préface,
notes et tables, par de Lescure. *Paris, librairie des bibliophiles*, 1879, 2 vol. in-16, pap. de Holl., mar. bl , dos ornés, fil., dent. int., tr. dor. (*Masson-Debonnelle*).

Tiré à 500 exemplaires numérotés. N° 157.

112. **Champfleury**. Histoire des Faïences patriotiques sous
la Révolution, 2e édit. *Paris, Dentu,* 1867, in-12,fig.,demi-
rel. dos et coins de mar. bl., tête dor., non rog.

113. **Champfleury** (Cabinet de M.). Faïences historiques,
Royauté, Révolution, Empire, Restauration, Gouvernement Constitutionel. *Paris, A. Pillet, Mars* 1868, gr. in-8,
vign., demi-rel. dos et coins de mar. vert, tête dor., non
rog. *(Petit-Simier)*.

114. **Champfleury**. Henry Monnier, sa vie, son Œuvre,avec
un Catalogue complet de l'Œuvre et 100 gravures fac-
similé. *Paris, Dentu,* 1879, in-8, nomb. fig. dans le texte
et fig. hors texte, en noir et color., demi-rel. dos et coins
de mar. vert olive, dos orné, fil. tête dor., non rog. (*Masson-Debonnelle)*.

115. **Chanson de Roland** (La), poëme de Théroulde, suivi
de la Chronique de Turpin, traduction de Alex. de Saint-
Albin. *Paris, A. Lacroix et Cie,* 1865, in-12, demi-rel. dos
et coins de mar. olive, dos orné, fil., tête dor., non rog.

116. **Chanson de Roland** (la), traduction nouvelle, avec
une introduction et des notes, par Adolphe d'Avril. *Paris
Vve Benj. Duprat,* 1865, in-8, pap. vergé, v. f., dos orné,
fil , dent. int., tr. dor. *(Petit-Simier)*.

Rare.

117. **Chapelle** et **Bachaumont** (Voyage de), publié par D.
Jouaust. *Paris, librairie des bibliophiles,* in-16, pap. de
Holl., mar. r. jans., dent. int., tr. dor. (*Chambolle-Duru*).

Tiré à petit nombre.

118. **Chartres** (Histoire de Notre-Dame de), par un des Ré-

dacteurs du Journal La Voix de Notre-Dame. *Nogent-le-Rotrou, imprim. de A. Gouverneur*, 1864, in-12, demi-rel. dos et coins de mar. bl., tête dor., non rog. (*Petit-Simier*).

119. **Chassin** (Ch.-L ). Jean de Hunyad, récit du XV⁰ siècle, précédé de La Hongrie, son génie et sa mission, étude historique. *Paris, Pagnerre*, 1859, in-8, demi-rel., dos et coins de mar. vert, dos orné, fil., tête dor., non rog.

120. **Chateaubriand** (F A. de). Atala, ou les Amours de deux Sauvages, suivi de René, compositions d'Emile Lévy, gravées à l'eau-forte par Boutelié, dessins de Giacomelli, gravés sur bois par Rouget et Sargent. *Paris, librairie des bibliophiles*, 1877, in-16, pap. vél. de Holl., texte encadré en rouge, mar. bl.. dos orné, fil., dent int., tr. dor. (*Masson-Debonnelle*).

> Tiré à 500 exemplaires.

121. **Chavette** (Eug.). Le Rémouleur, épisode du temps de la Terreur et du Directoire. *Paris, Dentu*, 1873, 2 vol. in-12, demi-rel. dos et coins de mar. br., tête dor , n. rog. (*Petit-Simier*).

> Édition originale.

122. **Chénier** (Lettres grecques de Mme), précédées d'une étude sur sa vie, par Robert de Bonnières, illustrations par G. Dubufe fils. *Paris, Charavay frères*, 1879, in-12 carré, pap. de Holl., demi-rel. dos et coins de mar. gren , dos orné, fil., tête dor., non rog., couv.

123. **Chesneau** (E.) Le Statuaire J.-B. Carpeaux, sa vie et son Œuvre. Ouvrage illustré de nomb. grav. dans le texte, de planches hors texte reproduisant en eaux-fortes ou en héliogravure, toutes les œuvres capitales du Maître, avec un portr. de l'artiste gr. par Mongin. *Paris, Quantin*, 1880, gr. in-8, mar. vert, dos orné, fil., dent. int., tr. dor. (*Masson-Debonnelle*).

> L'un des 50 exemplaires numérotés sur papier de Hollande avec deux suites des planches avant et avec la lettre. N· 22

124. **Chevigné** (Cte de). Les Contes Rémois, douzième édition, précédée de la Muse Champenoise, par L. Lacour, dessins de J. Worms, gravés à l'eau-forte par P. Rajon. *Paris, librairie des bibliophiles*, 1877, in-16, pap. de Holl.. mar. gren., dos orné, fil , dent. int., tr. dor. (*Masson-Debonnelle*).

125. **Cholières** (de). Œuvres, édition préparée par Ed. Tricotel, notes, index et glossaire par D. Jouaust, préface

par Paul Lacroix. *Paris, librairie des bibliophiles*, 1879, 2 vol. gr. in-8, titre r. et n., mar.vert, dos ornés,fil., dent. int., tr. dor. *(Masson Debonnelle)*.

L'un des 200 exemplaires tirés sur papier de Hollande. N· 70.

126. **Chouppes** (Mémoires du Marquis de), lieutenant-général des armées du roi, suivis des Mémoires du duc de Navailles et de La Valette (1630-1682), revus, annotés et accompagnés de pièces justificatives inédites par M C. Moreau. *Paris, J. Techener*, 1861, 2 part. en 1 vol. in-8, demi-rel. dos et coins de mar. r., tête dor., non rog.

127. **Chroniques** du XVIII<sup>e</sup> siècle. La Régence.Portefeuille d'un Roué, publ. par Roger de Parnes, avec préface par G. d'Heylli, compositions et dessins de M. Perret, gravés par L. Rouveyre et Puyplat. *Paris, Rouveyre*, 1881, in-8, pap. vergé de Holl., br., couv. illust.

128. **Chroniques** du XVIII<sup>e</sup> siècle. Anecdotes secrètes du règne de Louis XV. Portefeuille d'un petit-Maître, publ. par Roger de Parnes, avec préface par G. d'Heylli, compositions et dessins de F. Oudart et Le Natur, gravés par F. Oudart et Puyplat. *Paris, Rouveyre et Blond*, 1882, in-8, pap. vergé de Holl., br., couv. illust. *(Qq. feuillets tachés sur le bord de la marge)*.

129. **Cladel** (L.). Par devant Notaire, avec une préface de Hector France. *Bruxelles, Kistemaeckers*, 1880, in-12 carré, pap. vélin teinté, titre noir et vert, texte encadré de fil. vert, demi-rel. dos et coins de mar. orange, dos orné, fil., tête dor., non rog.

Ce livre n'a été tiré qu'à 500 exemplaires.

130. **Clairambault-Maurepas**. Chansonnier historique du XVIII<sup>e</sup> siècle, publié avec introduction, commentaire,notes et index, par E. Raunié, orné de portraits à l'eau-forte par Rousselle et Rivoalen. *Paris, Quantin*, 1879-1884, 10 vol. in-12, pap. de Holl., br., couv.

131. **Clément-Janin**. Les Hotelleries Dijonnaises, par Clément-Janin. *Dijon, Manière-Loquin*, 1878, pet in-8, pap. de Holl., eau-forte, demi-rel. dos et coins de mar. r., tête dor., non rog.

Tiré à 75 exemplaires. N° 63.

132. **Clément-Janin**. Sobriquets des villes et villages de la Côte-d'Or, recueillis par Clément-Janin. Arrondissement de Dijon, seconde édition, revue, corrigée et augmentée. *Dijon, impr. F. Carré*, 1880, in-8 de 113 pp., demi-rel. dos et coins de mar. r., tête dor., non rog.

L'un des 10 exemplaires tirés sur papier chamois. N° 3.

133. **Collection Moliéresque** (Nouvelle). *Paris, librairie des bibliophiles*, 1879–1881, 4 vol. in-18, pap. vergé, br. couv.

> Récit de la Farce des Précieuses par Mlle Des Jardins.
> Notes et Documents sur l'histoire des Théâtres de Paris au XVII<sup>e</sup> siècle par J.-Nicolas du Tralage.
> La Coupe du Val de Grace, attribuée à Mlle Chéron.
> La Folle Querelle, ou la Critique d'Andromaque, comédie attribuée à Molière et à Subligny.

134. **Comettant** (O.). Trois ans aux Etats-Unis, étude de mœurs et coutumes américaines, 2<sup>e</sup> édit., revue et corrigée. *Paris, Pagnerre*, 1858, in-12, demi-rel. dos et coins de mar. r., dos orné, fil., tête dor., non rog.

135. **Comettant** (O.). Le Nouveau Monde, scènes de la vie américaine, précédé d'une préface par L. Jourdan. *Paris, Pagnerre*, 1861, in-12, demi-rel. dos et coins de mar. r. foncé, dos orné, fil., tête dor., non rog.

136. **Comettant** (O.). Les Civilisations inconnues. *Paris, Pagnerre*, 1863, in-12, demi-rel. dos et coins de mar. r. foncé, dos orné, fil., tête dor., n. rog.

137. **Comptes** (les) du monde adventureux. Texte original, avec notice, notes et index, par F. Frank. *Paris, Lemerre*, 1878, 2 vol. in-12 écu, pap. de Holl , mar. r., dos ornés, fil., dent. int., tr. dor. (*Masson-Debonnelle*).

138. **Constant** (B.). Adolphe, préface de A. J. Pons, eaux-fortes de Fr. Régamey, variantes et bibliographie. *Paris, Quantin*, 1878, in-8 écu, pap. vergé chamois, portr. et fac-simile mar. orange, dos orné, fil. à froid et dent. dor. sur les pl., dent. int., tr. dor. (*Petit-Simier*).

139. **Contes fantastiques**. Le Diable amoureux, par Cazotte. — Le Démon Marié, par Machiavel. — Merveilleuse histoire de Pierre Schlemihl, par Alb. de Chamisso. *Paris, E. Picard*, 1867, in-16, pap. vél , mar. br., dos orné, encadrem. de fil. avec coins, dent.int.,tr.dor. (*Petit-Simier*).

140. **Cormenin** (de). Entretiens de Village, 9<sup>e</sup> édit., illustrée de 40 gravures. *Paris, Pagnerre*, 1847, in-12, demi-rel. dos et coins de mar. r. foncé, dos orné, fil., tête dor., non rog.

> Rare.

141. **Cormenin** (de) (Timon). Livre des Orateurs, 18<sup>e</sup> édit., augmentée de portraits inédits. *Paris, Pagnerre*, 1869, 2 vol. in-8, portraits, demi-rel. dos et coins de mar. vert, dos ornés, fil., tête dor., non rog. (*Petit-Simier*).

142. **CORNEILLE** (P.). Œuvres, nouv. édit., revue sur les plus anciennes impressions et les autographes, et augmentée de morceaux inédits, des variantes, de notices, de notes, d'un lexique des mots et locutions remarquables, etc. par Ch. Marty-Laveaux. *Paris, Hachette et Cie*, 1862, 12 vol. gr. in-8, portr. et fig., mar. r. jans., dent. int., tr. dor. (*Chambolle-Duru*).

Bel exemplaire en Grand Papier vélin, de la Collection des Grands Écrivains de la France. *Épuisé.*
L'Album est relié avec le texte.

143. **Corneille** (P.). Théâtre, publié par Jouaust et précédé d'une préface par V. Fournel. *Paris, librairie des bibliophiles*, 1877-79, 5 vol. in-16, pap. de Holl., mar. bl., dos ornés, fil., dent. int., tr. dor. (*Masson-Debonnelle*).

Tiré à 500 exemplaires numérotés. N° 466.

144. **CORRECTIONNELLE** (La). Petites causes célèbres. Études de mœurs populaires au XIX° siècle, accompagnées de 100 dessins, par Gavarni. *Paris, Martinon,* 1840. in-4 à 2 col., fig., demi-rel. dos et coins de mar., dos orné, fil., tête dor. (*Reymann*).

Première édition. Rare.

145. **Courajod** (L ). Alexandre Lenoir, son journal et le Musée des Monuments français (Tome 1er). *Paris, Champion,* 1878, in-8, pap. vergé, portr., dem.-rel. dos et coins de mar. br., dos orné, fil., tête dor., n. rog. (*Masson-Debonnelle*).

146. **Courcelles** (Mémoires de la Marquise de), née Marie-Sidonia de Lénoncourt, et sa correspondance, précédés d'une histoire de sa vie et de son procès, revue et augmentée d'après des documents inédits par C. H. de S. D. *Paris, Académie des bibliophiles*, 1869, in-8, pap. vergé, titre r. et n., v. f., dos orné, fil., dent. int, tr. dor. (*Petit-Simier*).

Tiré à 432 exemplaires. N° 3.

147. **Courier** (P.-L.). Œuvres, avec préface par F. Sarcey. *Paris, Librairie des bibliophiles*, 1876-77, 3 vol. in-16, pap. de Holl., mar. bl., dos ornés, fil., dent. int., tr. dor. (*Smeers*).

Tiré à 500 exemplaires numérotés. N° 407.

148. **Crébillon fils.** Le Sopha, conte moral. *Amsterdam, Dufour et Roux*, 1779, in-12, demi-rel. dos et coins de mar. r., dos orné, fil., tête dor., n. rog. (*Petit-Simier*).

149. **Crébillon fils.** Contes dialogués, avec une notice bio-

bibliographique par O. Uzanne. *Paris, Quantin,* 1879, in-8, portr., en-tête et cul-de-lampe à l'eau-forte, mar. r., dos orné, fil., dent. int., tr. dor. (*Masson Debonnelle*).

L'un des 30 exemplaires tirés sur papier Whatman blanc, avec double épreuve du portrait et du cul-de-lampe en sanguine avant la lettre, et en noir avec la lettre.

150. **Dance macabre** (La) des S. S. Innocents de Paris, d'après l'édition de 1484, précédée d'une étude sur le Cimetière, le Charnier et la Fresque peinte en 1425, par l'abbé V. Dufour, parisien. *Paris, I. Willem et P. Daffis,* 1874, in-16, pap. vergé des Vosges, fig. sur bois, mar. br., dos et pl. ornés de têtes de morts et larmes or, encadrem. de fil. à froid, dent. int., tr. dor. (*Petit-Simier*).

Tiré à 350 exemplaires N° 88.

151. **Dangeau** (M^is de). Journal de 1684 à 1720, publié en entier pour la première fois, par MM. Soulié, Dussieux, de Chennevières, Mantz, de Montaiglon, avec les Additions inédites du duc de Saint-Simon, publ. par Feuillet de Conches. *Paris, F. Didot et Cie,* 1854-1860, 19 vol. in-8, demi-rel. dos et coins de mar. bl., dos ornés, tête dor , n. rog.

152. **Dante**. L'Enfer, mis en vieux langage françois et en vers, accompagné du texte italien, et contenant des notes et un glossaire par E. Littré. *Paris, Hachette et Cie,* 1879, in-12, titre r. et n., mar. r., dos orné, fil., dent. int., tr. dor. (*Masson-Debonnelle*).

L'un des 90 exemplaires tirés sur papier de Hollande. N° 29.

153. **Darwin** (Ch.). L'Origine des Espèces au moyen de la Sélection naturelle, où la lutte pour l'existence dans la nature, trad. sur la 6e édit. anglaise, par Ed. Barbier. *Paris, Reinwald et Cie,* 1876, in-8, cart. perc. verte, non rog.

154. **Daudet** (A.). Contes du Lundi. *Paris, Lemerre,* 1873, in-12, papier teinté, demi-rel. dos et coins de mar. r., tête dor., non rog. (*Petit-Simier*).

Edition originale.

155. **Davillier** (Baron Ch. d'.). Les Arts décoratifs en Espagne, au moyen âge et à la renaissance. *Paris, Quantin,* 1879, in-8, pl. hors texte, demi-rel. dos et coins de mar. bl., dos orné, fil., tête dor., non rog.

Edition tirée à petit nombre.

156. **Daviti** (P.). Liste et origine de tous les ordres de Chevaleries militaires et civils, qui ont été institués par les

Papes et par les Princes chrétiens jusqu'à la fin du XVI<sup>e</sup> siècle. Publié séparément, pour la première fois, par les soins de M. J. Gay. *Turin*, 1876, pet. in-8, titre r. et n., mar. gren. foncé, dos orné, fil., dent. int., tr. dor. (*Smeers*).

Tiré à 300 exemplaires numérotés.
Exemplaire tiré sur papier vélin de fil à la forme. N° 74.

**157. Déclamations** (Trois) esquelles l'Ivrongne, le Putier et le Joueur de dez, débattent lequel d'eux sera privé de la succession, etc. Réimpression textuelle sur l'édition rarissime de 1556, précédée d'une notice bibliographique. *San Remo, J. Gay et fils*, 1874, pet. in-12, mar. vert, dos orné, fil., dent. int., tr. dor. (*Smeers*).

Tiré à 100 exemplaires sur papier de Hollande. N° 68.

**158. Delvau** (A.). Dictionnaire érotique moderne par un Professeur de la langue verte (Alfred Delvau), 2<sup>e</sup> édit., revue, corrigée et augmentée par l'auteur, et enrichie de nombreuses citations. *Neuchatel, imprim. de la Société des Bibliophiles Cosmopolites*, 1874, in-16, mar. olive, dos orné, fil., dent. int., tr. dor. (*Smeers*).

Tiré à 500 exemplaires numérotés.
Exemplaire tiré sur petit papier anglais. — *Rare*.

**159. Démidoff** (A. de). Voyages dans la Russie méridionale et la Crimée, par la Hongrie, la Valachie et la Moldavie, illustrée par Raffet, 2<sup>e</sup> édit., revue et augmentée par l'auteur. *Paris, E. Bourdin*, 1854, gr. in-8, faux-titre, titre et préface, ensemble XVI pp., y compris un feuillet de musique, 510 p. chiff. y compris la table des matières. 1 feuillet non chiffré, pour le placement des gravures et un autre pour l'*errata*, vign. et 27 planches tirées à part, en noir et color., cartes (2), demi-rel. dos et coins de mar. vert, dos orné d'une croix en mosaïque, tête dor., non rog. (*Petit-Simier*).

Bel exemplaire en grand papier vergé.

**160. Dépret** (L.). L'Album de Karl. *Paris, Hachette et Cie*, 1874, in-12, pap. vergé, dem.-rel. dos et coins de mar. La Vall., tête dor., non rog. (*Petit-Simier*).

**161. Description** des Réjouissances qui se feront à Lille le 27 et 28 août 1767, pour célébrer l'année centenaire de la rentrée de cette ville sous la domination du Roi. *A Lille, de l'impr. de J.-B. Henry*, 1767. *Réimprimé chez L. Danel, à Lille, le 27 août* 1867, pet. in-4 de 20 pp., pl. gr. par Merché, demi-rel. dos et coins de mar. La Vall., tête dor. éb. (*Petit-Simier*.)

162. **Desforges** (J.-B. Choudard). Le Poète, mémoires d'un homme de lettres, écrits par lui-même, précédé d'une notice et de la clef des noms des principaux personnages. *Bruxelles, Gay et Doucé*, 1881, 5 vol. pet. in-12, pap. vergé de Holl., portr. et front. dess. et gr. à l'eau-forte par Chauvel, sur Chine volant, br., couv.

Imprimé à 500 exemplaires. N° 171.

163. **Des Périers** (Bonav.). Le Cymbalum mundi, texte de l'édition princeps de 1537, avec notice, commentaire et index, par F. Frank. *Paris, Lemerre*, 1873, pet. in-12, pap. de Holl. mar. br. jans., dent. int., tr. dor. (*Petit-Simier.*)

164. **Des Périers** (Bonav.). Nouvelles récréations et joyeux devis, suivis du Cymbalum Mundi, avec une notice, des notes et un glossaire, par L. Lacour. *Paris, librairie des bibliophiles*, 1874, 2 vol. gr. in-8, mar. r. foncé, dos orné, fil., dent. int., tr. dor. (*Masson-Debonnelle.*)

Bel exemplaire, tiré sur papier de Hollande.

165. **Destouches**. Œuvres choisies, avec notice sur la vie et les ouvrages de l'auteur. *Paris, De Bure*, 1826, 3 vol. in-32, demi-rel. dos et coins de mar. vert, dos ornés, fil., tête dor., non rog. (*Petit-Simier.*)

166. **Dhetel** (P.). L'Abbaye de Notre-Dame-de-Lône et ses succursales, de l'ordre de Cluny, étude historique d'après les documents originaux, avec carte et plan des lieux. *Dijon, Rabutot*, 1864, gr. in-8, demi-rel. dos et coins de mar. gren., tête dor., non rog.

167. **Dictionnaire de Géographie** ancienne et moderne, à l'usage du libraire et de l'amateur de livres (Supplément au Manuel du Libraire), par un Bibliophile. *Paris, F.-Didot et Cie*, 1870, 1 fort vol. gr. in-8 à 2 col., demi-rel. dos et coins de mar. La Vall. foncé, tête dor., non rog.

Exemplaire en grand papier de Hollande.

168. **Dictionnaire politique**, encyclopédie du langage et de la science politique, rédigé par une réunion de Députés, de Publicistes et de Journalistes, avec une Introduction par Garnier-Pagès, publié par E. Duclerc et Pagnerre, 6° édit. *Paris, Pagnerre*, 1860, in-4. à 2 col., demi-rel. dos et coins de mar. vert, tête dor., non rog.

169. **DICTIONNAIRE TOPOGRAPHIQUE DE LA FRANCE**, comprenant les noms de lieu anciens et modernes, publié par ordre du Ministre de l'Instruction pu-

blique, et sous la direction du Comité des Travaux historiques et des Sociétés savantes. *Paris, impr. Impér. et
Nationale*, 1862-1874, 11 vol. in-4, demi-rel. dos et coins
de mar. r., dos ornés, tête dor., n. rog. (*Masson-Debonnelle.*)

Département de la Meurthe, par H. Lepage. — Département de
l'Hérault, par Eug. Thomas. — Département de la Nièvre, par G. de
Soultrait. — Département du Haut-Rhin, par G. Stoffel. — Département du Gard, par E. Germer-Durand.— Département du Morbihan,
par Rosenzweig. — Département de l'Aisne, par Aug. Matton. — Département de la Meuse, par F. Liénard.—Département de la Dordogne,
par le Vᵗᵉ de Gourgues. — Département de l'Aube, par Th. Boutiot et
E. Socard. — De l'ancien département de la Moselle, par de Bou-
teiller.

**170. DIDEROT. ŒUVRES COMPLÈTES**, revues sur
les éditions originales, comprenant tout ce qui a été publié à diverses époques... Notices, notes, table analytique.
Etude sur Diderot et le mouvement philosophique au
XVIIIᵉ siècle, par J. Assézat et Maurice Tourneux. *Paris,
Garnier frères*, 1875-77, 20 vol. in-8, portr., mar. vert,
dos ornés, fil., dent. int., tr. dor. (*Petit-Simier.*)

Bel exemplaire tiré sur papier de Hollande.

**171. Diderot** (D.). La Religieuse (1760-1871). *France et Bel-
gique*, 1871, pet. in-12, demi-rel. dos et coins de mar. vert,
dos orné de mosaïque r., tête dor., non rog.

**172. Diderot.** Le Neveu de Rameau, publ. et précédé d'une
Introduction par H. Motheau. *Paris, librairie des bibliophiles*, 1875, in-16, pap. de Holl., mar. vert, dos orné, fil ,
dent. int., tr. dor. (*Petit-Simier.*)

Tiré à petit nombre.

**173. Dijon.** Théàtre de l'Infanterie Dijonnoise. *Dijon, Darantière, imprimeur*, 1887, 2 vol. pet. in-12, pap. vergé
teinté, front., br., couv.

Asneries ou les quatre jeux joués contre le Grand Maistre des eaux
et forestz, avec la Chanson des Satyres, 1576 (pièce inédite).— Le Jeu
joué le 12ᵉ jung 1583, avec des fragments d'une autre pièce (pièce inédite).
Tiré à petit nombre.

**174. Dijon** (Pièces inédites sur). *Dijon, Darantière, imprimeur*, 1884-86, 6 broch. in-8 écu, pap. vergé, couv.

Les Armées Coalisées à Dijon (1814-15), — Lanturelu, pièces inédites contenant la relation d'une sédition arrivée à Dijon, le 28 février
1630. — Une Exécution à Dijon au XVIIᵉ siècle, d'après la relation
manuscrite du P. Larme. — Les Avocats d'autrefois. La Confrérie de
Saint-Yves à Châlon-sur-Saône avant 1789, par H. Beaune. — Lettres
inédites de Ch. Brifaut à M. J.-M. Frantin. — Relation de tous les
Compliments et Discours faits par MM. du Parlement de Dijon le jour
de Noël 1720.
Pièces imprimées à petit nombre.

**175. Dijon** (Entrées et Réjouissances dans la ville de). *Dijon, Darantière, imprimeur*, 1885, 8 broch. in-8 écu, pap. vergé teinté, couv.

Entrée du roi Charles VI à Dijon, sous Philippe-le-Hardi, fêtes et réjouissances en Bourgogne, février 1390. — Relation de l'entrée du duc d'Aumale, gouverneur de la Bourgogne à Dijon, 31 décembre 1550. Entrée du duc de Mayenne, gouverneur de Bourgogne, 1574.—Arrivée à Dijon du duc de Savoie, 1600. — Entrée de Louis XIII à Dijon, le 31 janvier 1629. — Récit de ce qui s'est passé en la ville de Dijon pour l'heureuse naissance de Mgr le Dauphin, 1638. — Description du feu de joye pour la prise de Philisbourg, 1644. — Dessein du feu de joye érigé en la ville de Dijon à l'honneur du Roy pour son heureuse majorité le dimanche XVIIIe septembre 1651. — Louis XIV à Dijon, 1658.— Relation des fêtes données à Dijon à l'occasion du passage des ducs de Bourgogne et de Berry, 1701. —Entrée de la Reyne de Sardaigne (Élisabeth-Thérèse de Lorraine en la ville de Dijon le lundy 18 mars 1737. — État de la dépense faite par la ville de Dijon au passage de la Reyne de Sardaigne.— Entrée de S. A. R. Monsieur, frère du Roy, 15 juillet 1777.
Brochures tirées à petit nombre.

**176. Dijon ancien et moderne.** *Dijon, impr. lith. de Guasco Jobard, s. d.*, gr. in-8, pl. demi-rel. dos et coins de mar. r., dos orné, fil., tête dor. (*Petit-Simier.*)

**177. Directoire** (Le). Portefeuille d'un Incroyable, publié par Roger de Parnes, avec préface par G. d'Heylli. Compositions et Dessins de J. Le Natur, gravés par L. Rouveyre, de Malval, Puyplat et Prunaire. *Paris, Rouveyre*, 1880, in-8, pap. vergé de Holl., titre r. et n., mar. r., dos orné, fil., dent. int., tr. dor., couv. (*Masson-Debonnelle.*)

Tiré à petit nombre.

**178. Discours** prononcé par Mlle Perrette de la Babille, dans la grand'salle du palais de Tourne-à-tous vents. Réimpression textuelle de l'édition de 1736, avec une Notice bibliographique. *Nice, J. Gay et fils*, 1872, pet. in-12, pap. de Holl., front., mar. gren. jans., dent. int., tr. dor. (*Smeers.*)

Tiré à 100 exemplaires numérotés, n° 21.

**179. Documents sur les mœurs du XVIIIe siècle.** La Chronique scandaleuse, publiée par O. Uzanne, avec préface, notes et index. Eaux-fortes de Lalauze et Mongin. *Paris, Quantin*, 1879, gr. in-8, pap. de Holl., front. en taille-douce et en 2 couleurs, mar. La Vall., dos orné, fil., dent. int., tr. dor. (*Masson-Debonnelle* )

Epuisé.

**180. Droz** (G.). Monsieur, Madame et Bébé, édition illustrée par Edm. Morin, et ornée d'un portrait de l'auteur en frontispice gravé par Léop. Fameng. *Paris, V. Havard*, 1878, in-4, titre r. et n. demi-rel. dos et coins de mar. r., dos orné mosaïque, fil., tête dor., non rog. (*Petit-Simier.*)

181. **Drumont** (Ed.). Les Fêtes Nationales à Paris. *Paris, L. Baschet*, 1879, gr. in-4, nomb. fig. dans le texte et pl. hors texte, cart. perc. fers spéciaux, tête dor., n. rog.

182. **Drumont** (E ). La Mort de Louis XIV. Journal des Anthoine, publ. pour la première fois avec introduction de E. Drumont, et un frontispice d'après Cochin. *Paris, Quantin*, 1880, in-12, pap. de Holl , mar. violet, dos orné, fil., dent. int., tr. dor. (*Masson-Debonnelle*).

Tiré à 550 exemplaires numérotés. N° 108.

183. **Dubois** (Abbé). Histoire de l'Abbé de Rancé et de sa réforme, composé avec ses écrits, ses lettres, ses règlements et un grand nombre de documents contemporains inédits ou peu connus. *Paris, A. Bray*, 1866, 2 vol. gr. in-8, demi-rel. dos et coins de mar. gren., tête dor., non rog.

184. **Du Boys de Riocour.** Relation des sièges et du blocus de la Mothe (1634-1642-1645), suivie des relations officielles des trois sièges. pub. dans le Mercure et la Gazette de France, édition entièrement revue sur les textes originaux et augmentée d'une introduction à l'Histoire de La Mothe et de nombreux documents inédits, par J. Simonnet. *Chaumont, Cavaniol*, 1861, in-8, pl., demi-rel. dos et coins de mar. bl., dos orné, fil., tête dor., non rog.

185. **DU CERCEAU** (J.-A.). Les plus excellents Bastimens de France, sous la direction de M. H. Destailleur, architecte, gravés en fac-simile par M. Faure-Dujarric. architecte, nouv. édit., augmentée de planches inédites de Du Cerceau. *Paris, A. Lévy*, 1868-1870, 2 vol. in-fol., pl., en portefeuille.

186. **Duchêne** (le Père). *Paris, imp. Sornet*, 1871, 68 num. en 1 vol. gr. in-8, cart. perc. grise, non rog.

187. **Duclos** (Ch. Pinot). Contes, avec une notice bio-bibliographique, par O. Uzanne. *Paris, Quantin*, 1880, in-8, portr., en-tête et cul-de-lampe à l'eau-forte, mar. r., dos orné, fil., dent. int., tr. dor. (*Masson-Debonnelle*).

L'un des 30 exemplaires tirés sur papier Whatman blanc avec double épreuve du portrait et du cul-de-lampe, en sanguine avant la lettre et en noir avec la lettre.

188. **Dufour** (P.). Histoire de la Prostitution chez tous les peuples du monde, depuis l'antiquité la plus reculée jusqu'à nos jours. *Bruxelles, Rozez*, 1861, 8 vol. in-12, fig. cart. perc. gren., non rog. (*Pierson*).

189. **Dulorens.** Premières Satires (1624), publ. par D. Jouaust, avec une notice par P. Blanchemain. *Paris, librairie des bibliophiles*, 1881, in-16, pap. vergé, br., couv.

**190. DUPONT-AUBERVILLE**. L'ornement des Tissus, recueil historique et pratique, avec des notes explicatives et une introduction générale. *Paris, Ducher et Cie*, 1877, gr. in-4, pl. en couleurs, en portefeuille.

**191. Duras** (Mme de). Ourika, avec une notice par de Lescure, *Paris, librairie des Bibliophiles*, 1878, in-16, pap. de Holl., mar. r., dos orné. fil., dent. int., tr. dor. (*Masson-Debonnelle*).

> Tiré à petit nombre.

**192. Duras** M^me de). Edouard, précédé d'une préface, par P. Uzanne. *Paris, librairie des bibliophiles*, 1879, in-16, pap. de Holl , mar. r., dos orné, fil., dent. int., tr. dor. (*Masson-Debonnelle*).

> Tiré à petit nombre.

**193. Du Tilliot**. Mémoires pour servir à l'histoire de la Fête des Foux, qui se faisoit autrefois dans plusieurs Eglises. *Lausanne et Genève, M.-M. Bousquet*, 1741, in-4, fig., demi-rel. dos et coins de mar. r., tête dor. (*Petit-Simier*).

> Un fleuron sur le titre et 12 figures non signées.
> Raccommodage au titre.

**194. Duvaux**. Livre-Journal de Lazare-Duvaux, marchand-bijoutier ordinaire du roy (1748-1758), précédé d'une étude sur le goût et sur le commerce des objets d'art, au milieu du XVIII^e siècle, et accompagné d'une table alphabétique des noms d'hommes, de lieux et d'objets mentionnés dans le journal et dans l'introduction. *Paris, pour la Société des bibliophiles françois*, 1873, 2 vol. in-8, pap. de Holl., titre r. et n., front. d'après Bouché, grav. par L. Gaucherel, mar. vert jans., dent. int., tr. dor. (*Masson-Debonnelle*).

**195. Ecole** (L') des Maris Jaloux. Réimpression faite sur l'édition de Neuchâtel, 1698, avec une notice bibliographique. *San Remo, J. Gay et fils*, 1874, pet. in-12, figure tirée sur Chine volant, mar. vert, dos orné, fil., dent. int., tr. dor. (*Smcers*).

> Tiré à 200 exemplaires numérotés sur papier de Hollande. N. 167.

**196. Erasme** Eloge de la folie, traduit par Victor Develay, et accompagné des dessins de Hans Hobelin. *Paris, librairie des bibliophiles*, 1872, in-8, pap. de Holl.. à la forme, mar. bl., dos orné, large dent. et encadrem. de fil., dent. int., tr. dor. (*Petit-Simier*).

**197. Erasme**. L'Eloge de la folie, traduction nouvelle avec une préface, une étude sur Erasme et son époque, des notes et une bibliographie, par Emm. des Essarts, 81 eaux-fortes d'après les dessins d'Holbein, 1 frontispice de Worms et 1 portrait de l'auteur gravés par Champollion. *Paris, Arnaud et Labat,* 1877, pet. in-8, pap. vergé, titre r. et n., mar. r. jans., dent. int., tr. dor. (*Masson-Debonnelle*),

198. **Erasme**. Les Colloques, nouvellement traduits par V. V. Develay et ornés de vignettes gravées à l'eau-forte par J. Chauvet. *Paris, librairie des bibliophiles,* 1875-76, 3 vol. in-8, pap. de Holl., mar. vert, dos ornés, fil., dent. int., tr. dor. (*Petit Simier*).

> Tiré à petit nombre.

199. **Erasme**. La Civilité puérile, trad. nouv., texte latin en regard, précédée d'une notice sur les Livres de Civilité depuis le XVI° siècle, par Alcide Bonneau. *Paris, Liseux,* 1877, pet. in-18, pap. vergé, titre r. et n., v. f., dos orné, fil., dent. int., tr. dor. (*Petit-Simier*).

200. **ESTOILE** (Mémoires-Journaux de Pierre de l'), édition pour la première fois complète et entièrement conforme aux manuscrits originaux, publ. avec de nombreux documents inédits et un commentaire historique, biographique et bibliographique, par MM. G. Brunet, A. Champollion, Paul Lacroix, etc. *Paris, librairie des bibliophiles,* 1875-1883, 11 vol. gr. in-8, pap. vergé, mar. r., dos ornés, fil., dent. int., tr. dor. (*Petit Simier*).

> Les tomes IX, X et XI, brochés.

201. **Etudes contemporaines**. Gérard de Nerval, par Georges Bell. *Paris,* 1855, in-8 de 47 pp., demi-rel. dos et coins de mar. r., tête dor., non rog. (*Petit-Simier*).

202. **Eutrapel** (Contes et Discours d', de Noël du Fail, réimprimés par les soins de D. Jouaust, avec une notice, des notes et un glossaire, par C. Hippeau. *Paris, librairie des bibliophiles,* 1875, 2 vol. gr. in-8, mar. vert, dos ornés, fil., dent. int., tr. dor (*Masson-Debonnelle*).

> Tiré à 260 exemplaires numérotés.
> Exemplaire tiré sur papier de Hollande. N° 239.

203. **Faifeu** (La Légende de Pierre), publiée par D. Jouaust, avec une préface par le Bibliophile Jacob. *Paris, librairie des bibliophiles,* 1880, in-16, pap. vergé, mar. r., dos orné, fil., dent. int., tr. dor. (*Masson-Debonnelle*).

> Tiré à 350 exemplaires numérotés. N° 45.

204. **FÉLIBIEN** (D. Michel). **HISTOIRE DE LA VILLE DE PARIS**, composée par D. Michel Félibien, revue, augmentée et mise au jour, par D. Guy-Alexis Lobineau, justifiée par des preuves authentiques, et enrichie de plans, de figures et d'une carte topographique. *Paris, G. Desprez*, 1725, 5 vol. in-fol. v. gr.

205. **Ferry Julyot**. Les Elégies de la Belle Fille lamentant sa Virginité perdue. Réimpression complète, publiée d'après l'édition originale de 1557, avec notice, éclaircissements et index. *Paris, L. Willem*, 1873, in-8, v. porph., dos orné, fil., dent int. tr. dor. (*Petit-Simier*).

   Tiré à 350 exemplaires numérotés.
   Exemplaire tiré sur papier de Hollande, n° 118.

206. **Fertiault** (F.). Les Féeries du Travail, conférences familières, origine et historique des travaux de dames. *Paris, Didier et Cie*, 1873, in-12, demi-rel. dos et coins de mar. La Vall., tête dor., non rog. (*Petit-Simier.*)

207. **Fertiault** (F.). Les Amoureux du Livre, sonnets d'un bibliophile, fantaisies, commandements du bibliophile, bibliophiliana, notes et anecdotes par F. Fertiault, préface du bibliophile Jacob (Paul Lacroix), 16 eaux-fortes de J. Chevrier. *Paris, A. Claudin*, 1877, gr. in-8, fig., mar. orange, dos et plats ornés à petits fers, dent. int., tr. dor. (*Smeers.*)

   L'un des 120 exemplaires tirés sur véritable grand papier vergé teinté. N° 36.

208. **Feuillet** (O.). Le Roman d'un jeune homme pauvre. Dessins de Mouchot, gravés par Méaulle. *Paris, Quantin*, s. d. (1887), pet. in-4 anglais, pap. à la cuve titre r. et n., portr. de l'auteur à l'eau-forte par Wallet, br., couv. avec un dessin de L. Mouchot.

209. **Fiévée** (J.). La Dot de Suzette, précédée d'une notice de J. Janin. *Paris, librairie des bibliophiles*, 1877, in-16, pap. de Holl., mar. r., dos orné, fil., dent. int., tr. dor. (*Masson-Debonnelle.*)

210. **Figuier** (L.). Les Races humaines, ouvrage illustré de 268 gravures dessinées sur bois et de 8 chromolith. représentant les principaux types des familles humaines. *Paris, Hachette et Cie*, 1875, gr. in-8, demi-rel. dos et coins de mar. gren., dos orné, fil., tête dor., non rog. (*Petit-Simier.*)

211. **Fillon** (B.). L'Art de Terre chez les Poitevins, suivi d'une étude sur l'ancienneté de la fabrication du verre en Poitou. *Niort, L. Clouzot*, 1864, in-4, pap. vergé de

Holl., titre r. et n., nomb. fig. dans le texte et pl. hors
texte, mar. La Vall., dos orné, encadrem. de fil. à froid
avec coins dor. dent. int., tr. dor. (*Petit-Simier.*)

212. **Flaubert** (G.). Madame Bovary, mœurs de province,
7 eaux-fortes dess. et grav. par Boilvin. *Paris, Lemerre*,
1874, 2 vol. pet. in-12, pap. vél. teinté, mar. vert, dos et
milieux mosaïque r., dent. int., tr. dor. (*Petit-Simier.*)

213. **Fléchier** (Mémoires de) sur les grands-jours tenus à
Clermont en 1665-1666, publiés par B. Gonod, bibliothécaire de la ville de Clermont. *Paris, Porquet*, 1844, gr.
in-8, figure et musique, demi-rel. dos et coins de mar.
bl., tète dor., non rog. (*Petit Simier.*)

214. **Florian** Fables, avec une préface par H. Bonhomme,
dessins d'Em Adan, gravés à l'eau-forte par Le Rat.
*Paris, librairie des bibliophiles*, 1886, in-16, pap. de Holl.,
br., couv.

215. **Foë** (Dan. de) Vie et Aventures de Robinson Crusoé,
traduction de Petrus Borel, avec 8 eaux-fortes par Mouil-
leron, portrait gravé par Flameng. *Paris, librairie des
bibliophiles*, 1878, 4 vol. in-16. pap. de Holl., mar. bl , dos
orné, fil., dent. int., tr. dor (*Masson-Debonnelle.*)

216. **Fournier** (Ed.). Paris démoli, mosaïque de ruines.
*Paris, Dagneau*, 1853, in-12, demi-rel. dos et coins de
mar. violet, dos orné, fil., tète dor., non rog. (*Petit-Simier.*)

217. **Fournier** (Ed.). L'Hôtesse de Virgile, comédie en un
acte en vers *Paris, Dentu*, 1859, in-12, pap. vergé teinté,
demi rel. dos et coins de mar. violet, dos orné, fil., tète
dor , non rog. (*Petit-Simier* )

   Édition originale.

218. **Fournier** (Ed ). Énigmes des Rues de Paris. *Paris,
Dentu*, 1860, pet in-12, demi-rel. dos et coins de mar.
violet, dos orné, fil., tète dor., non rog. (*Petit-Simier.*)

219. **Fournier** (Ed.). L'Esprit des autres, 4ᵉ édit., revue et
considérablement augmentée. *Paris, Dentu*, 1861, pet.
in-12, pap. vélin, titre r. et n., demi-rel. dos et coins de
mar. violet, dos orné, fil., tète dor., non rog.

220. **Fournier** (Ed.). Corneille à la Butte Saint-Roch, comédie en un acte, en vers, précédée de notes sur la vie
de Corneille, d'après des documents nouveaux, avec une
vignette de Aug. Racinet et un plan de la Butte au temps
de Corneille. *Paris, Dentu*, 1862, in-12, pap. vergé, demi-

rel. dos et coins de mar. violet, dos orné, fil., tête dor.,
non rog. (*Petit-Simier.*)

**221. Fournier** (Ed.). Histoire du Pont-Neuf. *Paris, Dentu,*
1862, 2 vol. pet. in-12, vue photograph., demi-rel dos et
coins de mar. violet, dos ornés, fil., tête dor., non rog.

**222. Fournier** (Ed.). Le Roman de Molière, suivi de Fragments sur sa vie privée d'après des documents nouveaux.
*Paris, Dentu,* 1863, pet. in-12, pap. vélin, titre r. et n.,
portr. ajouté de Molière, d'après Mignard, gr. par Ber-
tonnier, demi-rel. dos et coins de mar. violet, dos orné,
fil., tête dor., non rog. (*Petit-Simier.*)

**223. Fournier** (Ed.). L'Esprit dans l'histoire. Recherches et
Curiosités sur les mots historiques, 3e édit., revue et considérablement augmentée. *Paris, Dentu,* 1867, pet. in-12,
demi-rel. dos et coins de mar. violet, dos orné, fil., tête
dor., non rog. (*Petit-Simier.*)

**224. Fournier** (Ed.). La Valise de Molière, comédie en un
acte, en prose, avec des Fragments peu connus attribués
à Molière, précédée d'une introduction historique et
suivie de notes d'après des documents nouveaux ou inédits. *Paris, Dentu,* 1868, in-12, pap. de Holl., demi-rel.
dos et coins de mar. violet, dos orné, fil., tête dor., non
rog. (*Petit-Simier.*)

> Edition originale.
> Tiré à 250 exemplaires numérotés. N° 27.

**225. Fournier** (Ed.)  La Comédie de J. de La Bruyère,
2e édit., revue et augmentée. *Paris, Dentu,* 1872, 2 vol.
pet. in-12, demi-rel. dos et coins de mar. violet, dos
ornés, fil., tête dor., non rog. (*Petit-Simier.*)

**226. Fournier** (Ed ). Histoire de la Butte des Moulins, suivie
d'une étude historique sur les demeures de Corneille à
Paris, avec deux vues de la Butte en 1551 et 1652. *Paris,
F. Henry,* 1877, petit in-12, demi-rel. dos et coins de mar.
violet, dos orné, fil., tête dor., non rog. (*Petit-Simier.*)

**227. Fournier** (Ed.). Le Vieux-Neuf, histoire ancienne des
inventions et découvertes modernes, 2e édit., refondue et
considérablement augmentée. *Paris, Dentu,* 1877, 3 vol.
in-12, demi-rel. dos et coins de mar. violet, dos ornés, fil.,
tête dor. éb. (*Petit-Simier.*)

**228. Fournier** (Ed.) Souvenirs poétiques de l'Ecole roman-
tique (1825 à 1840), précédés d'une notice biographique
sur chacun des auteurs contenus dans le volume, 4 portraits sur acier par Nargeot. *Paris, Laplace et Cie,* 1880,

in-12 de 536 pp., demi-rel. dos et coins de mar. r., dos
orné, fil., tête dor., non rog.

L'un des 100 exemplaires numérotés sur papier de Hollande, n° 21.

**229. Fournier** (Ed.). Le Théâtre Français avant la Renaissance (1450-1550), mystères, moralités et farces, précédé
d'une introduction et accompagné de notes pour l'intelligence du texte, orné du portrait en pied colorié du prin-
cipal personnage de chaque pièce, dess. par Maurice
Sand, Allouard et A. Marie. *Paris, Laplace et Cie, s. d.,*
gr. in-8, à 2 col , demi-rel. dos et coins de mar. gren., dos
orné, fil., tête dor., non rog. (*Petit-Simier.*)

**230. Fraissinet** (Ed.). Le Japon contemporain. *Paris, Hachette et Cie,* 1857, in-12, cart. perc., tête éb., non rog.
(*Carton. d'amateur.*)

**231. FRANÇAIS PEINTS PAR EUX-MÊMES** (les ,
Encyclopédie morale du XIX⁰ siècle. *Paris, L Curmer*,
1840-42, 9 vol. gr. in-8, y compris le **Prisme**, demi-rel.
dos et coins de mar. vert, dos ornés mosaïque, fil., tête
dor. (*Petit-Simier*).

Exemplaire lavé, cachet et légers raccommodages à quelques volumes.

**232. Franklin** (Alf.). Etude historique et topographique
sur le Plan de Paris de 1540, dit Plan de Tapisserie. *Paris, Aubry,* 1869, pet. in-8, plan, mar. r. jans., dent. int.,
tr. dor. (*Chambolle-Duru).*

Tiré à 329 exemplaires.
Exemplaire tiré sur papier vergé.

**233. Franklin** (Alf ). Les Anciens Plans de Paris, notices
historiques et topographiques. *Paris, L. Willem,* 1878-
1880, 2 vol. in-4, fig. sur bois, br. n. c , couv.

Tiré à 354 exemplaires.
Exemplaire tiré sur papier de Hollande. N· 43.

**234. Fremy** (Ed ). Les Poésies inédites de Catherine de Mé-
dicis. *Paris, L Techener,* 1884, in-12, pap. vél., titre r. et
n., br., couv.

**235. Friquassée** (la) crotestyllonnée, commentée par Mᵉ
Epiphane Sidredoulx, avec une préface de P. Blanchemain. *Paris, librairie des bibliophiles*, 1878, in-16, pap.
de Holl., mar. r., dos orné, fil., dent. int., tr. dor. (*Masson-Debonnelle*).

Tiré à 330 exemplaires numérotés. N° 220.

**236. FROMENTIN** (E.). Sahara et Sahel. Un été dans le Sahara. Une année dans le Sahel, édition illustrée de 12 eaux-fortes par Lerat, Courtry et Rajon, d'une héliogravure et de 45 gravures en relief d'après les tableaux, les dessins et les Croquis d'Eugène Fromentin. *Paris, Plon et Cie*, 1879, 2 vol. in-4, mar. violet, dos ornés mosaïque, fil., dent. int , tr. dor. (*Masson-Lebonnelle*).

L'un des 50 exemplaires tirés sur papier Whatman, contenant les EAUX-FORTES EN QUATRE ETATS les épreuves en noir avant la lettre sur Chine volant, avant la lettre en sanguine, avant et avec la lettre en noir.
Exemplaire n· 9.

**237. Gailhabaud** (J.). Monuments anciens et modernes, collection formant une histoire de l'architecture des différents peuples à toutes les époques, contenant des notices archéologiques, par Jomard, Champollion-Figeac, Raoul Rochette, de Caumont, etc  Ouvrage accompagné de 40 planches, gravées d'après les dessins d'architectes et d'artistes. *Paris, F. Didot et Cie*, 1865, 4 vol. in-4, demi-rel. dos et coins de mar. La Vall., dos ornés, tête dor. non rog.

**238. Galitzin** (Prince Aug.)  Vie d'une Religieuse du Sacré-Cœur (1795-1843). *Paris, L Techener*, 1869, in-12, titre r. et n., demi-rel. dos et coins de mar. r., tête dor., non rog.

**239. Galland.** Les Mille et une Nuits, contes arabes. Réimprimés sur l'édition originale, avec une préface de J. Janin, 21 eaux-fortes par Ad. Lalauze. *Paris, librairie des bibliophiles*, 1881, 10 vol. in-16, pap. de Holl., br., couv.

**240. GALLIA CHRISTIANA**, in provincias ecclesiasticas distributa, qua series et historia Archiepiscoporum, episcoporum et abbatum, franciae vicinarumque ditionum, ab origine ecclesiarum ad nostra tempora, deducitur et probatur, ex authenticis instrumentis ad calcem appositis, opera et studio, Dom. Dionysii Sammarthani.. editio altera, labore et curis, Dom. Pauli Piolin. *Parisiis, V. Palmé*, 1873-77 (Tomes II, III, IV, V, XI, XIII), 6 vol. in-fol., pap. vergé, teinté, demi-rel., dos et coins de mar. r., tête dor., non rog.

Le Tome II donne l'histoire des provinces de *Bourges* et de *Bordeaux*, c'est-à-dire des diocèses suivants : Archevêchés : *Bourges, Bordeaux*, Evêchés : *Clermont-Ferrand, Saint-Flour, Limoges, Tulle, Le Puy* : — *Agen, Condom, Angoulême, Saintes, Poitiers, La Rochelle, Luçon, Périgueux, Sarlat*, avec 3 cartes.

Le Tome III : l'Histoire des provinces de *Cambrai, Cologne* et *Embrun*. Archevêchés : *Cambrai, Cologne, Embrun*. Evêchés : *Tournai, Arras, Saint-Omer, Namur* ; — *Liège* ; — *Digne, Antibes, Grasse, Vence, Glandève, Senez, Nice*, avec 3 cartes.

Le Tome IV : la province de *Lyon*. Archevêché : *Lyon*. Evêchés : *Autun, Langres, Châlon, Macon*, avec une carte.

Le Tome V : l'Histoire des provinces de *Malines* et de *Mayence*, c'est-à-dire les diocèses suivants : Archevêchés : *Malines, Mayence*. Evêchés : *Anvers, Gand, Bruges, Ypres, Ruremonde, Bois-le-Duc ; — Worms, Spire, Strasbourg, Constance*, avec 2 cartes.

Le Tome XI : la province de *Normandie*, ou l'histoire des diocèses suivants : Archevêché : *Rouen* : Evêchés : *Bayeux, Avranches, Evreux, Seez, Lisieux, Coutances*, avec une carte.

Le Tome XIII : Provinces de *Toulouse* et de *Trèves*. Archevêchés : *Toulouse, Trèves*. Evêchés : *Pamiers, Rieux, Montauban, Mirepoix, Saint-Papoul, Lombez, Lavaur, Metz, Toul, Verdun, Nancy, Saint-Dié*, avec deux cartes.

**241. Gantez.** L'Entretien des Musiciens, par le S<sup>r</sup> Gantez, maître de Chapelle de St-Estienne d'Auxerre. Publié d'après l'édition rarissime d'Auxerre, 1643, avec préface, notes et éclaircissements, par Ern. Thoinan. *Paris, Claudin*, 1878, pet. in-12, pap. de Holl., titre r. et n., front. gr. à l'eau-forte, v. f., dos orné, fil., dent. int., tr. dor. (*Petit-Simier*).

Tiré à petit nombre.

**242. Garnier** (J.). Les Études Dijonnaises. *Dijon, Jobard*, 1867, in-12, demi-rel. dos et coins de mar. r., dos orné, fil., tête dor., non rog.

Edition originale.

**243. Garnier** (J.). Chartes de Communes et d'Affranchissements en Bourgogne, publiées avec les encouragements du Conseil général de la Côte d'Or, et sous les Auspices de l'Académie des Sciences, Arts et Belles-Lettres de Dijon. *Dijon, J.-E. Rabutot*, 1867-68, 2 vol. in-4, demi-rel. dos et coins de chag, vert poli, dos ornés, fil., tête dor., éb.

**244. Garnier** (J.-M.). Histoire de l'Imagerie populaire et des Cartes à jouer à Chartres, suivie de recherches sur le commerce du colportage des Complaintes, Canards et Chansons des Rues. *Chartres, impr. de Garnier*, 1869, in-12, pap. vergé teinté, vign. et musique mar. blanc, dos orné à petits fers avec mosaïque r., fil. et milieux à pet. fers, avec mosaïque r., dent. int., tr. dor. (*Petit-Simier*).

**245. Gautier** (L ). Les Épopées françaises, étude sur les origines et l'histoire de la littérature nationale. *Paris, V. Palmé*, 1865-68, 3 vol. gr. in-8, demi-rel. dos et coins de mar. bl., tête dor., non rog. (*Petit-Simier*).

**246. Gautier** (Th.). Mademoiselle de Maupin, avec 4 dessins de E. Giraud, gravés à l'eau-forte par Champollion. *Paris, Charpentier*, 1878, 2 vol. in-32, demi-rel. dos et coins de cuir de Russie, tête dor , non rog.

**247. Gautier** (Th.). Poésies, qui ne figureront pas dans ses œuvres, précédées d'une Autobiographie, ornée d'un portrait singulier. *France, imprimerie particulière*, 1873, in-8, portr. et musique, tirés sur pap de Chine volant, mar. gren. foncé, dos orné, fil., dent int., tr. dor.(*Smeers*).

L'un des 150 exemplaires tirés sur papier de Hollande.

**248. Gavarni**. Œuvres choisies, revues, corrigées et nouvellement classées par l'auteur, avec des notices en tête de chaque série par MM. Th. Gautier, Laurant-Jan, Lireux, Gozlan, P.-J. Stahl, etc. *Paris. J. Hetzel*, 1846-48, 4 vol. gr. in-8, demi-rel. dos et coins de mar r., dos ornés mosaïque, fil., tête dor. (*Petit-Simier*).

**249. Gavarni** (l'Œuvre de) Lithographies originales et essais d'eau-forte et de procédés nouveaux. Catalogue raisonné par J. Armelhault (Mahérault) et E. Bocher, orné d'un portrait inédit de Gavarni dessiné par lui-même et de deux lithographies et une eau forte de cet artiste, également inédites *Paris, librairie des bibliophiles*, 1873, gr. in-8, demi-rel dos et coins de mar. vert, dos orné, fil., tête dor., non rog. (*Petit-Simier*).

L'un des 248 exemplaires tirés sur papier vélin N° 64.

**250. Gérard de Nerval**. Les Filles du feu (Sylvie), Jemmy, Octavie, Isis, Emilie, avec une préface de J. Levallois, dessins d'Em. Adam, grav. à l'eau-forte par Le Rat. *Paris, librairie des bibliophiles*, 1888, in 8 écu, pap. vél. de Holl., br., couv.

Tiré à petit nombre.

**251. Giraud** (J.-B.). Les Arts du métal, recueil descriptif et raisonné des principaux objets ayant figuré à l'exposition de 1880 de l'Union centrale des Beaux-Arts, 50 planches en héliogravure hors texte reproduisant, en noir et en couleur, près de 200 objets, avec des notices spéciales pour chaque planche et une table analytique. *Paris, Quantin*, 1881, in-fol. en feuilles, dans un cartonnage artistique.

**252. Girault** (Cl.-Xav.) Essais historiques et biographiques sur Dijon. *Dijon, Lagier*, 1814, in-12, plan et vue de la Porte Condé, demi-rel. dos et coins de mar. r., tête dor., non rog. (*Petit-Simier*).

**253. Gleichen** (Souvenirs de Ch.-Henri, baron de), précédés d'une notice par P. Grimblot. *Paris, L. Téchener*, 1868, in-12, pap. vél., titre r. et n., demi-rel. dos et coins de mar. r., dos orné, fil., tête dor, n. rog.

254. **GŒTHE**. Œuvres, traduction nouvelle par J. Porchat. *Paris, Hachette et Cie*, 1861-63, 10 tom. en 11 vol. in-8, portr., maroq. gren. jans., tr. dor.

   Bel exemplaire, tiré sur grand papier vélin.

255. **Gœthe** Faust, préface et traduction de H. Blaze de Bury, 11 eaux-fortes de Lalauze, gravures de Méaulle, d'après Wogel et Scott. *Paris, Quantin*, 1880, gr. in-8, pap. de Holl, titre r. et n., fig., mar. r, dos orné, encadrem. de fil. avec coins, tr. dor. *(Masson-Debonnelle)*.

256. **Gœthe**. Les Souffrances du jeune Werther, traduction nouvelle par Mme Bachellery, avec une préface par P. Stapfer, eaux fortes de Lalauze. *Paris, librairie des bibliophiles*, 1886, in-16, pap. de Holl., br., couv.

257. **Gœtschy** (G.). Les Jeunes Peintres Militaires, A. de Neuville. — Ed. Detaille. – Dupray, préface de E. Bergerat. Ouvrage illustré de plus 600 croquis inédits, 10 grands dessins et 5 photogravures tirées hors texte, par Goupil et Cie. *Paris, Baschet*, 1878, gr. in-4, demi-rel., dos et coins de chag. r., dos orné, fil., pl. toile, fers spéciaux, tr. r.

   Epuisé.

258. **Goldsmith** Le Vicaire de Wakefield, traduction, préface et notes par Ch. Nodier, nouv. édit. Eaux fortes par Ad. Lalauze. *Paris, librairie des bibliophiles*, 1888, 2 vol. in-16, pap. de Holl., br., couv.

259. **Gollut** (L.). Les Mémoires historiques de la République Séquanoise et des Princes de la Franche-Comté de Bourgogne, nouv. édit., corrigée sur les documents contemporains, et enrichie de notes et éclaircissements historiques, par Ch. Duvernoy, accompagnée de tables méthodiques, d'un glossaire, et précédée d'une notice biographique sur l'auteur, par Emm. Bousson de Mairet. *Arbois, A Javel*, 1846, gr. in-8 de 2,039 pp. à 2 col., demi-rel. dos et coins de chag. r, tête dor., n. rog.

260. **GOMBOUST** (J.) Plan de Paris, dressé géométriquement en 1649, et publié en 1652, avec le texte, les **vues** et les ornemens qui accompagnent quelques exemplaires,

augmenté d'une feuille d'assemblage pour faciliter les recherches, gravé en fac-simile par Lebel, et publié par la Société des Bibliophiles François. *Paris, Téchener*, 1858. — Notice sur le Plan de Paris de J. Gomboust, publ. pour la première fois en 1652, reproduit par la Société des Bibliophiles françois en 1858, avec le Discours sur l'antiquité, etc., de la ville de Paris, par P. P. et une table alphabétique... *Paris, Téchener*, 1858. — Ensemble 1 vol. pet. in-8 de texte et atlas gr. in-fol. de 11 pl.

> Le texte est rel. en mar. bl., dos orné, fil., dent. int., tr. dor. (*Petit-Simier*). — L'Atlas est en portefeuille.

261. **Goncourt** (E. et J. de). L'Amour au XVIII° siècle. *Paris, Dentu*, 1875, in-12 carré, pap. vergé, front. à l'eau-forte de E. Boilvin, vign., texte encadré dans des dessins de Méaulle, mar. bl., dos orné, fil. et ornem à petits fers sur les plats, dent. int., tr. dor. (*Petit-Simier*).

> Bel exemplaire.

262. **Gonse** (L.) **L'ART ANCIEN ET L'ART MODER-NE**, à l'Exposition de 1878, par MM. E. de Beaumont, Darcel, P. Mantz, H. Havard, A. de Montaiglon, etc., etc. *Paris, Quantin*, 1879, 2 vol. gr. in-8, pap. teinté, nomb. fig. dans le texte, et nomb. pl. à l'eau-forte et en couleur hors texte, demi-rel. dos et coins de mar. gren., dos ornés, fil., tête dor., n. rog.

263. **Gonse** (L.). Eugène Fromentin, peintre et écrivain. Ouvrage augmenté d'un Voyage en Egypte et d'autres notes et morceaux inédits de Fromentin et illustré de gravures hors texte et dans le texte. *Paris, Quantin*, 1881, gr. in-8, br., couv.

> L'un des 100 exemplaires tirés sur papier de Hollande, n° 34, avec double suite des planches avant et avec la lettre.

264. **Gozlan** (L.). Aristide Froissart. *Paris, Lemerre*, 1873, pet. in-12, portr. à l'eau-forte par Rajon, v. f., dos orné, fil., dent. int, tr. dor. (*Petit-Simier*).

> L'un des 25 exemplaires tirés sur papier vergé.

265. **Graaf** (Regnier de). L'Instrument de Molière, traduction du traité de Clysteribus de Regnier de Graaf (1668), (avec une notice sur l'auteur, des notes et commentaires, par E. Boysse et le docteur Cusco). *Paris, D. Morgand et Ch. Fatout*, 1878, in-8, pap vergé teinté, portr. d'après Edelinck et vign. mar. r. jans., dent. int, tr. dor. (*Petit-Simier*).

266. **Grand Alcandre** (Le) frustré, ou les derniers efforts de l'amour et de la vertu. Réimpression textuelle faite sur l'édition de 1696, avec une notice bibliographique, par P.-L. Jacob, bibliophile. *San Remo, J. Gay et fils*, 1874, pet. in-12, pap. de Holl., mar. vert, dos orné, fil., dent. int , tr. dor. *(Smeers).*

Tiré à 100 exemplaires numérotés, n° 10.

267. **Grandier** (U.). Traicté du Célibat des Prestres. Opuscule inédit, introduction et notes par Rob. Luzarche, frontispice à l'eau-forte de Ulm. *Paris, Pincebourde,* 1866, in-12, pap. vergé, mar. vert jans., dent. int , tr. dor. *(Petit-Simier).*

Tiré à petit nombre.

268. **Grandville**. Cent Proverbes, texte par T. Delord, A. Achard et A. Frémy. *Paris, H. Fournier,* 1845, gr. in-8, fig., demi-rel. chag. La Vall., dos orné, pl. toile, tr. peig.

Première édition.

269. **Grandville** (J.-J.). Les Fleurs animées, introductions par Alph. Karr, texte par Taxile Delord. *Paris, Gabriel de Gonet,* 1847, 2 vol. gr. in-8, fig. color., demi-rel. dos et coins de mar. vert, dos ornés mosaïque, fil., tête dor., tr. grattées *(Petit-Simier).*

Première édition.

270. **Gresset**. Vert-Vert, le Carême impromptu, le Lutrin vivant, notice par G. d'Heylli. *Paris, librairie des bibliophiles,* 1872, in-16, pap. de Holl,, mar. r., dos orné, fil., dent. int., tr. dor. *(Chambolle-Duru).*

Tiré à petit nombre. Très bel exemplaire relié sur brochure.

271. **Grimarest**. La Vie de M. de Molière. Réimpression de l'édition originale (*Paris,* 1705) et des pièces annexes. Avec une notice par A. P.-Malassis. *Paris, Liseux,* 1877, pet. in-18, pap. vergé, eau-forte de Ad. Lalauze, mar. r. jans , dent. int., tr. dor. *(Petit-Simier.)*

272. **Gruner** (L.). Traité de métallurgie. Première partie : Métallurgie générale. *Paris, Dunod,* 1875-78, 2 vol. gr. in-8, de texte, demi-rel. dos et coins de mar. br., tête dor., n. rog. *(Petit-Simier),* et atlas in-fol. **en porte-feuille.**

273. **Guéranger** (Dom) Sainte-Cécile et la Société Romaine aux deux premiers siècles. Ouvrage contenant 2 chromolith., 6 pl. en taille-douce et 250 grav. sur bois, 2° édit. *Paris, F.-Didot.* 1874, in-4, mar. r. dos orné, fil. brisés et feuillage or sur les pl., dent. int., tr. dor. (*Petit-Simier.*)

274. **Guérard** (E.). Dictionnaire encyclopédique d'anecdotes modernes, anciennes, françaises et étrangères. *Paris, F.-Didot et Cie,* 1872, 2 vol. in-8 écu à 2 col., demi-rel. dos et coins de mar. bl., dos ornés, fil., tête dor., non rog. (*Petit-Simier.*)

275. **Halévy** (L.). **LA FAMILLE CARDINAL**, un frontispice et 8 vignettes dessinés par E. Mas et gravés par J. Massard. *Paris, C. Lévy,* 1883, pet. in-8, br., couv.

L'un des 200 exemplaires tirés sur papier vergé du Marais. N° 99.

276. **Halévy** (L.). **L'ABBÉ CONSTANTIN**, illustré par Mme Madeleine Lemaire. *Paris, Boussod, Valadon et Cie,* 1887, in-4, pap. vélin, titre r. et n., fig., en-tête et culs-de-lampe, br., couv.

277. **Halévy** (L.). Deux Mariages. *Paris, C. Lévy,* in-12, pap. vergé, br., couv.

Edition originale.

278. **Hamilton.** Contes, publiés avec une notice de M. de Lescure. Le Bélier — Fleur d'Epine — Les quatre Facardins — Zeneyde. *Paris, librairie des bibliophiles,* 1873, 4 vol. in-16, pap. de Holl. mar. gren. jans., dent. int., tr. dor. (*Chambolle-Duru.*)

Tiré à petit nombre.

279. **Hamilton** (A.). Mémoires du chevalier de Grammont, pub. avec une Introduction et des Notes par M. de Lescure. *Paris, librairie des bibliophiles,* 1876, in-16, mar. r., dos orné, encadrem. de fil. et dent. sur les pl., dent. int., tr. dor. (*Petit Simier.*)

Exemplaire tiré sur papier de Hollande.

280. **Hamilton** (A.). Mémoires du chevalier de Grammont, publ. avec une introduction et des notes par de Lescure. *Paris, librairie des bibliophiles,* 1876, in-16, pap. de Holl., mar. bl., dos orné, fil., dent. int., tr. dor. (*Smeers.*)

Tiré à 500 exemplaires numérotés, n° 454.

281. **Havard**(H ). L'Art et les Artistes Hollandais – Michiel Van Mierevelt, le fils de Rembrandt, 1 vol. — Les Palamedes ; Govert Flinck, 1 vol. *Paris, Quantin*, 1879-1880, 2 vol. gr. in-8, avec fig. dans le texte et pl. hors texte, demi-rel. dos et coins de mar. r., dos ornés, fil., tête dor., non rog. (*Masson-Debonnelle.*)

282. **Havard** (H.). La Hollande à vol d'oiseau. Eaux fortes et fusains par Maxime Lalanne. *Paris, Decaux et Quantin*, 1881, in-4, pap. vélin, br., couv.

283. **Heilly** (G. d'). Dictionnaire des Pseudonymes. *Paris, Rouquette*, 1868, in-16, pap. de Holl., titre r. et n. mar. vert, dos orné, coins, dent. int., tr. dor. (*Petit-Simier.*)

> Edition originale.
> Ouvrage tiré à très petit nombre.

284. **Heylli** (G. d'). Regnier, sociétaire de la Comédie-Française (1831-1872), portrait à l'eau-forte par Martial. *Paris, librairie générale*, 1872, in-16, pap. de Holl., v. f., dos orné, fil., dent. int., tr. dor. (*Petit-Simier.*)

> Tiré à 546 exemplaires.

285. **Hérault de Séchelles.** Voyage à Montbard et au château de Buffon, fait en 1785, contenant des Détails très-intéressans sur le caractère, la personne et les écrits de M. de Buffon, nouv. édit., augmentée de quelques opuscules inédits, par J.-B. Noellat. *Paris, Audin*, 1828, in-18, portr. et vue du cabinet de Buffon, demi-rel. dos et coins de mar. La Vall., tête dor., non rog. (*Petit-Simier.*)

286. **Herbert de Cherbury** (Edouard). Mémoires, traduits pour la première fois en français, par le comte de Baillon. *Paris, J. Techener*, 1863, in-4, pap. de Holl., titre r. et n., eaux-fortes de J. Jacquemart. demi-rel. dos et coins de mar. La Vall., dos orné, fil., tête dor., non rog. (*Masson-Debonnelle.*)

287. **Herculanum et Pompei**, recueil général des peintures, bronzes, mosaïques, etc., découverts jusqu'à ce jour, et reproduits d'après tous les ouvrages publiés jusqu'à présent, ouvrage contenant près de 800 planches gravées par Roux aîné, et accompagné d'un texte explicatif par Barré. *Paris, F.·Didot et Cie*, 1861-1872, 8 vol. gr. in-8, cart. (*Cart. des Editeurs.*)

> Le tome VIII contient le *Musée Secret.*

288. **Hippeau** (C.). Dictionnaire de la langue française au
XIIe et au XIIIe siècle. *Paris, Aubry*, 1873, 2 tom. en 1 vol.
in-8, demi-rel. dos et coins de mar. bl , tête dor., non rog.
(*Petit-Simier*.)

289. **HISTOIRE LITTÉRAIRE DE LA FRANCE**, où
l'on traite de l'origine et du progrès de la décadence, et
du rétablissement des Sciences parmi les Gaulois et parmi
les François..., par des Religieux Bénédictins de la Con-
grégation de S. Maur, nouv. édit., entièrement conforme
à la précédente, par M. Paulin-Paris. *Paris, V. Palmé*,
1865-1875, 16 vol. in-4, y compris le volume de table, pap.
vergé teinté, demi-rel. dos et coins, de mar. La Vall., dos
ornés, tête dor., n rog.

290. **Holbein** (H.). L'Alphabet de la mort, entouré de bordures du XVIe siècle et suivi d'anciens poèmes français,
sur le sujet des trois mors et des trois vis, publiés d'après
les manuscrits, par A. de Montaiglon. *Paris, Tross*, 1856,
in-8, pap. de Holl., cart. perc. verte, fers spéciaux, non
rog.

291. **Horace**. Œuvres complètes, texte latin, avec commentaire, à l'imitation de celui de Jean Bond, par Dübner, et
vie d'Horace, par Noël des Vergers. *Paris, Firmin Didot*,
1855, in-16, texte encadré de fil. front. et vign. grav.,
d'après les dessins de Barrias, mar. vert, dos orné,
encadrem. de fil. et dent. sur les pl., dent. int., tr. dor.
(*Petit-Simier*.)

292. **Horace**. Œuvres, traduction nouvelle par Jules Janin,
2e édit. *Paris, Hachette et Cie*, 1861, in-16, mar. r., dos
orné, encadrem. de fil. avec coins, dent. int , tr. dor.
(*Hardy*.)

Exemplaire relié sur brochure, et auquel on a ajouté la suite des
Illustrations photographiques, publ. par L. Curmer, 1861

293. **Horace**. Œuvres. Odes, Epodes, Satires, Epîtres, Notes
et Commentaires, traduction en vers par le comte Siméon.
*Paris, Jouaust*, 1878-74, 3 vol. in-8 écu, pap de Holl.,
portr. et vign. à l'eau-forte de Chauvet, mar. citron, dos
ornés, fil., dent. int., tr. dor. (*Masson-Debonnelle*.)

Edition tirée à 500 exemplaires sur papier de Hollande.

294. **Houbigant**. Réponse aux critiques faites par M. Paul
Lacroix, de deux notices sur le château de Sarcus, publ.

par la Société académique du département de l'Oise, par
A.-G. Houbigant, à Nogent-les-Vierges. *Paris, Plon,* 1860,
in-8 de 30 pp , demi-rel. dos et coins de v. f , fil., tête
dor. éb.

295. **Houdenc** (Raoul de). Méraugis de Portlesguez, roman
de la Table ronde, publié pour la première fois par H.
Michelant, avec fac-similé des miniatures du manuscrit
de Vienne. *Paris, Tross,* 1869, in-8, pap. de Holl., titre r.
et n., texte encadré de fil. rouges, mar. vert, dos orné,
encadrem. de fil. avec coins, dent. int , tr. dor. (*Smeers.*)

Tiré à petit nombre.

296. **Houssaye** (A.). Histoire du 41e Fauteuil de l'Académie
française, nouv. édit. *Paris, Hachette et Cie,* 1864, in-12,
cart. perc. bl., non rog.

297. **Houssaye** (A ). Les Comédiennes de Molière. *Paris,
Dentu,* 1879, in-8, mar. r., dos orné, fil., dent. int., tr.
dor. (*Masson-Debonnelle.*)

Exemplaire en grand papier, avec la suite des 10 portraits à l'eau-
forte, avant la lettre.

298. **Houzé** (A.). Etude sur la signification des Noms de
Lieux en France. *Paris, Vve Hénaux,* 1864, in-8, demi-
rel. dos et coins de mar. brun, tête dor., non rog. (*Petit-
Simier.*)

299. **HUGO** (V.). Œuvres. *Paris, Lemerre,* 1875-79, 16 vol.
pet. in-12, pap. teinté, portr. mar. r., dos ornés, fil., dent,
int., tr. dor. (*Petit-Simier.*)

Les 2 volumes de Notre-Dame de Paris, sont brochés.

300. **Hugo** (V.). Notre Dame de Paris, édition illustrée
d'après les dessins de MM. E. de Beaumont, L. Boulanger,
Daubigny, T. Johannot, de Lemud, Meissonnier, etc ,
gravés par les artistes les plus distingués. *Paris, Perrotin
et Garnier frères,* 1844, gr. in-8, fig. demi-rel. dos et
coins de mar vert, dos orné, fil., tête dor. (*Reymann.*)

Petit raccommodage au feuillet de la table.

301 **Hugo** (V.). L'Homme qui rit. *Paris, A. Lacroix et Cie,*
1869, 4 vol. in-8, demi-rel. dos et coins de v. f., dos ornés,
fil., tête dor., non rog.

Edition originale.

302. **Imitation** (L') de Jésus-Christ, traduction de Michel de
Marillac, précédée d'une préface par L. Veuillot. *Paris,
Glady frères*, 1876, in-8, pap. vélin, titre r. et n., portr.,
fig., vign., culs-de-lampe, lettres ornées, mar. La Vall.
jans., dent int., tr. dor. (*Petit-Simier.*)

303. **Isaac de Bourges.** Description des Monuments de
Paris, introduction et notes par l'abbé V. Dufour. *Paris,
Quantin*, 1878, in-8 écu, fig. demi-rel. dos et coins de mar.
r., dos orné, fil., tête dor., non rog.

> Tiré à 330 exemplaires numérotés. Exemplaire tiré sur papier de
> Hollande, n° 296.

304. **Jacquemart** (A.). Les Merveilles de la Céramique, où
l'art de façonner et décorer les Vases en terre cuite,
Faïence, Grès et Porcelaine, depuis les temps antiques
jusqu'à nos jours. *Paris, Hachette et Cie*, 1870-74, 3 vol.
in-12, illustrés de 325 vign. sur bois, par H. Catenacci et
J. Jacquemart, et 833 monogrammes, demi-rel., dos et
coins de mar. vert, dos ornés mosaïque, fil., tête dor., non
rog. (*Petit-Simier.*)

305. **Jacquemart** (A.). Histoire du Mobilier, recherches et
notes sur les objets d'art qui peuvent composer l'ameublement et les collections de l'homme du monde et du curieux,
avec une notice sur l'auteur, par H. Barbet de Jouy. Ouvrage contenant plus de 200 eaux-fortes typographiques,
procédé Gillot, par J. Jacquemart. *Paris, Hachette et Cie,*
1876, gr. in-8, demi-rel. dos et coins de mar. brun, dos orné
mosaïque, fil., tête dor., non rog. (*Petit-Simier*)

306. **Jaillot. RECHERCHES CRITIQUES, HISTORI-
QUES ET TOPOGRAPHIQUES SUR LA VILLE
DE PARIS**, depuis ses commencemens connus jusqu'à
présent, avec le Plan de chaque quartier. *Paris, chez
l'auteur*, 1775, 6 vol. in-8, y compris le vol. de table alphabétique des 20 parties des Recherches sur Paris, v. marb.
(*Quelq. raccommodages et mouillures aux plans.*)

307. **Jancigny** (A. de B. de). Histoire de l'Inde ancienne et
moderne, et de la confédération Indo-Britannique, depuis
leur origine jusqu'à nos jours. *Paris, Magnin-Blanchard*,
1858, in-12, avec tableaux, demi-rel. dos et coins de mar.
r., tête dor., non rog.

308. **Janin** (J.). Œuvres diverses publiées sous la direction

de M. Albert de La Fizelière. *Paris, librairie des bibliophiles*, 1876-1881, 17 vol. in-18, pap. de Holl., eaux-fortes
de E. Hedouin, rel. et br.

L'Ane mort, 1 vol — Mélanges et Variétés 2 vol. — Contes et Nouvelles. 2 vol. — Critique dramatique, 4 vol. — Horace, traduction. 2
vol. — Correspondance, 1 vol. — Barnave, 2 vol. — Deburau. 1 vol.
— Petits Romans, 1 vol. — Petits Mélanges, 1 vol.
Les 14 premiers volumes, sont reliés mar. rouge jans., dent. int , tr.
dor. (*Masson-Debonnelle*), le reste br , couv.

309. **Janin** (J.). Petits Romans d'hier et d'aujourd'hui. *Paris,
A. Saulon*, 1869, in-12, pap. vergé, mar. vert, dos orné
à pet. fers avec mosaïquer. fil., dent. int., tête dor., non rog.

Edition originale.

310. **Joinville** (Jean, sire de). Histoire de Saint Louis, Credo
et Lettre à Louis X, texte original, accompagné d'une traduction, par M. Natalis de Wailly. *Paris, F.-Didot et Cie*,
1871, gr. in-8, chromolith., fig. et cartes, demi-rel. dos et
coins de mar. r., dos orné, fil., tête dor., n. rog. (*Smeers.*)

Première édition.
Exemplaire tiré sur papier à la forme.

311. **Journal officiel de la République française** (du 20
mars au 24 mai 1871), gr. in-fol. cart. toile grise.

312. **Joyeusetés** (Les) d'un Pèlerinage à Lourdes (aller et
retour), racontées par une Brebis galeuse, 11 dessins hu-
moristiques de H. Bolart. *Bruxelles, Kistemaeckers*, 1879,
in-12, pap. vergé, titre r. et n., texte encadré demi-rel.
dos et coins de mar. La Vall. foncé, dos orné, fil., tête dor.,
non rog.

Ce livre n'a été tiré qu'à 333 exemplaires numérotés, n° 267.

313. **Jullien** (Ad ). La Comédie et la Galanterie au XVIII<sup>e</sup>
siècle. Au théâtre — Dans le monde — En prison *Paris,
Rouveyre*, 1879, in-8 écu, pap. vergé, front. à l'eau-forte
en 3 couleurs, gr. par L. Rouveyre, en-tête et cul-de-lampe
par de Malval, imprimés dans le texte, mar. bl., dos orné,
fil., dent. int., tr. dor. (*Masson-Debonnelle.*)

314. **Knapp** (Fr.). Traité de Chimie technologique et indus-
trielle, traduit sur la 3<sup>e</sup> édit. allemande, revu et augmenté
avec le concours de l'auteur, sous la direction de E. Mé-
rijot et A. Debize, avec de nomb. fig. intercalées dans le
texte et des planches séparées. *Paris, Dunod*, 1870, 2 forts
vol. gr. in-8. demi-rel., dos et coins de mar. vert, tête
dor., non rog. (*Petit-Simier.*)

**315. Krüdener** (Mme de). Valérie, préface de Parisot, eaux-
fortes de M. Leloir, variantes et bibliographie. *Paris,
Quantin*, 1878, in-8 écu, pap. vergé chamois, portr., fac-
simile, texte encadré de fil. r., mar. r., dos orné, fil., dent.
int., tr. dor. (*Masson-Debonnelle.*)

**316. Labé** (Louise). Œuvres, publiées avec une Etude et des
Notes, par P. Blanchemain.*Paris, librairie des bibliophiles,*
1875, in-16, mar. La Vall., fers à froid, dent. int., tr. dor.
(*Petit-Simier.*)

> Tiré à 350 exemplaires numérotés.
> Exemplaire tiré sur papier vergé.

**317. Labiche** (Eug ). Théâtre complet, avec une préface par
E. Augier. *Paris, Lévy frères*, 1878-79, 10 vol. in-12, demi-
rel. dos et coins de mar. r., dos ornés, fil., tête dor., n.
rog.

> Bel exemplaire sur papier vergé de Hollande.

**318. La Boëtie.** La Servitude volontaire ou le Contr'un.
Réimprimé sur le manuscrit d'Henry de **Mesmes**, par D.
Jouaust. *Paris, librairie des bibliophiles*, 1872, in-12, pap.
de Holl., titre r. et n., mar. r. jans. dent. int., tr. dor.
(*Chambolle-Duru.*)

**319. LABORDE** (De) **CHOIX DE CHANSONS**, mises
en musique, par M. de Laborde, gouverneur du Louvre,
ornées d'Estampes en taille-douce. *Rouen, J. Lemonnyer*,
1881, 4 vol. gr. in-8, pap. vergé de Holl., br., couv.

> Réimpression fac-simile sur l'édition de Paris, de Lormel, 1773,
> ornée du portrait de M. de Laborde, dit *à la Lyre*, et du rarissime
> portrait en pied de Mme Laborde par Denon, texte et musique entiè-
> rement gravés en taille-douce.

**320. Laboulaye** (Ed.). Histoire des Etats-Unis, depuis les
premiers essais de colonisation, jusqu'à l'adoption de la
Constitution fédérale (1620-1789). *Paris, Charpentier,*
1866, 3 vol. in-8, demi-rel. dos et coins de mar. bl., tête
dor., non rog.

**321. Laboulaye** (Ed.). Discours populaires. *Paris, Charpentier et Cie*, 1870, in 12, demi-rel. dos et coins de mar.
r. dos orné, fil., tête dor., non rog.

**322. LA BRUYÈRE.** Œuvres, nouv. édit., revue sur les plus
anciennes impressions et les autographes, et augmentée de
morceaux inédits, de variantes, de notices, de notes, d'un
lexique des mots et locutions remarquables, etc.,, par G.

Servois. *Paris, Hachette et Cie*, 1865-1882, 3 vol. gr. in-8 et album, br.

> Exemplaire en grand papier vélin de la collection des Grands Ecrivains de la France. — *Épuisé.*

323. **La Bruyère**. Les Caractères. Réimpression de l'édition de 1696, précédée d'une introduction par L. Lacour. *Paris, librairie des bibliophiles*, 1873, 2 vol. in-8, pap. de Holl., portr. à l'eau-forte par Flameng, mar. vert, dos ornés, fil., dent. int., tr. dor. (*Petit-Simier*.)

324. **La Chaussée**. Contes et Poésies, publ. par le Bibliophile Jacob, eau-forte par Ad. Lalauze. *Paris, librairie des bibliophiles*, 1880, in-16, pap. de Holl., mar. bl., dos orné, fil., dent. int., tr. dor. (*Masson-Debonnelle*.)

> Tiré à petit nombre.

325. **LACROIX** (P.). Les Arts au Moyen Age et à l'époque de la Renaissance. Ouvrage illustré de 17 planches chromolith. exécutées par F Kellerhoven, et de 400 grav. sur bois. *Paris, F.-Didot et Cie*, 1869, in-4, mar. r., dos orné, fil., brisés et feuillage or sur les pl., dent. int., tr. dor. (*Petit-Simier*.)

> Première édition.

326. **Lacroix** (P.). Mœurs, Usages et Costumes au Moyen-Age et à l'époque de la Renaissance. Ouvrage illustré de 15 planches chromolith. exécutées par F. Kellerhoven et de 440 grav., 2e édit. *Paris, F.-Didot et Cie*, 1872, in-4, mar, r., dos orné, fil. brisés et feuillage or sur les pl., dent. int., tr. dor. (*Petit-Simier*.)

327. **Lacroix** (P.). Vie militaire et religieuse au Moyen-Age et à l'époque de la Renaissance, Ouvrage illustré de 14 chromolith. exécutées par F. Kellerhoven, Régamey et L. Allard et de 410 fig. sur bois, 2e édit. *Paris, F.-Didot et Cie*, 1873, in-4, mar, r., dos orné, fil. brisés et feuillage or sur les pl., dent. int, tr. dor. (*Petit-Simier*.)

328. **Lacroix** (P.). XVIIIᵉ siècle. Institutions, Usages et Costumes France (1700-1789). Ouvrage illustré de 21 chromolith. et de 350 grav. sur bois, d'après Watteau, Boucher, Lancret, etc. *Paris, F.-Didot et Cie*, 1875, in-4, mar. r., dos orné, fil. brisés et feuillage or sur les pl., dent. int. tr. dor. (*Petit-Simier*)

> Première édition.

328 *bis*. *Le même*, 2e édit., demi-rel. chag. r., pl. toile, fers spéciaux, tr. dor.

329. **La Cuisine** (De). Le Parlement de Bourgogne, depuis
son origine jusqu'à sa chute, précédé d'un discours préliminaire sur la ville de Dijon et ses institutions les plus
reculées comme capitale de cette ancienne province, 2e édit.,
considérablement augmentée par l'auteur. *Dijon, J.-E.
Rabutot*, 1864, 3 vol. in-8, pap. vergé, demi rel. dos et
coins de mar. vert, dos ornés, fil., tête dor , non rog.
(*Petit-Simier* )

330. **LA CURNE DE SAINTE-PALAYE**. Dictionnaire
historique de l'Ancien langage françois, ou Glossaire de la
langue françoise, depuis son origine jusqu'au siècle de
Louis XIV, publié par L. Favre, avec le concours de
M. Pajot... *Niort, L. Favre*, 1875-1882, 10 vol. in-4 à 2
col., pap. vergé, demi-rel. dos et coins de mar. r., dos
ornés, tête dor., n. rog. (*Masson-Debonnelle.*)

   Les tomes IX et X sont brochés.

331. **Larchey** (L.). Dictionnaire historique d'Argot, 7e édit.
des Excentricités du langage, considérablement augmentée
et mise à la hauteur des révolutions du jour. *Paris, Dentu*,
1878. — Supplément aux 9e et 10e éditions du Dictionnaire
d'Argot, avec une introduction substantielle, et un répertoire spécial du largouji. *Paris, Dentu*, 1883, 1 vol. — Ensemble 2 vol. in-12, rel. et br.

   Le Dictionnaire est en demi-rel. dos et coins de mar. vert, dos orné,
   à petits fers avec mosaïque, fil., tête dor., n. rog. Le Supplément
   broché.

332. **LA FONTAINE** (J. de). Œuvres, nouv. édit , revue sur
les plus anciennes impressions et les autographes, et augmentée de variantes, de notices, de notes, d'un lexique
des mots et locutions remarquables, etc., par H. Regnier
(Tomes I à IV). *Paris, Hachette et Cie*, 1883-87, 4 vol. gr.
in-8, br.

   Exemplaire en Grand Papier vélin, de la Collection des Grands
   Ecrivains de la France. — *Epuisé*.

333. **La Fontaine**. Les Amours de Psyché et de Cupidon,
suivies d'Adonis, poëme. *Paris, Leclere fils*, 1863, 2 vol.
in-12, portr. et fig. d'après Moreau, grav. par Delvaux,
mar. bl., dos ornés mosaïque, fil., dent. int., tr. dor. (*Petit-
Simier*).

   Edition tirée à 100 exemplaires. No 32.

334. **La Fontaine**. Psyché, compositions d'Emile Lévy gravées à l'eau-forte par Boutelie, dessins de Giacomelli, gravés sur bois par Sargent. *Paris, librairie des bibliophiles,*

1880, pet. in-12, pap. vél. de Holl., texte encadré de fil. r., mar. bl., dos orné, fil., dent. int., tr. dor. (*Masson-Debonnelle*).

Tiré à 500 exemplaires.

**335. LA FONTAINE**. Fables, publiées par D. Jouaust, avec une introduction par Saint-René Taillandier, ornées de 12 dessins originaux de Bodmer, J. L. Brown, F. Daubigny, Detaille, L. Leloir, J. Worms, etc., portrait gravé par Flameng. *Paris, librairie des bibliophiles*, 1873, 2 vol. gr. in-8, pap. de Holl., mar. bl., dos ornés, encadrem. de fil. avec coins, dent. int., tr. dor. (*Petit-Simier*).

**336. La Fontaine**. Fables, publiées par D. Jouaust, avec l'éloge de La Fontaine, par Chamfort, dessins d'Emile Adan, gravés à l'eau-forte par Le Rat. *Paris, librairie des bibliophiles*, 1885, 2 vol. in-16, pap. de Holl., br., couv.

**337. La Fontaine. CONTES ET NOUVELLES EN VERS** par M. de La Fontaine. *A Paris, chez A. Barraud*, 1874, 2 vol. gr. in-8, portr., fig., vign., d'après Eisen, mar. r., dos ornés, fil., dent. int., tr. dor. (*Chambolle-Duru*).

Reproduction des figures de l'édition des Fermiers Généraux. L'un des 100 exemplaires tirés sur papier Whatman, avec les figures tirées sur Chine. N° 50. — Bel exemplaire relié sur brochure.

**338. La Fontaine**. Contes, préface de P. Lacroix, 10 dessins d'Ed. de Beaumont et portrait gravé par Boilvin. *Paris, librairie des bibliophiles*, 1885, 2 vol. in-16, pap. de Holl., br., couv.

**339. Lagrèze** (G. B. de). Pompéï, les Catacombes, l'Alhambra, étude à l'aide des monuments de la vie païenne à son déclin, de la vie chrétienne à son aurore, de la vie musulmane à son apogée. Ouvrage illustré de 95 gravures, dessinées par Racinet, Bénard, etc. *Paris, F.-Didot et Cie*, 1872, gr. in-8, demi-rel. dos et coins de mar. r., dos orné, fil., tête dor., non rog. (*Petit-Simier*).

**340. Lalouel** (H.). Les Orateurs de la Grande-Bretagne, depuis le règne de Charles 1er jusqu'à nos jours, précédés d'une lettre de M. de Cormenin, 2e édit. *Paris, Pagnerre*, 1841, 2 vol. in-8, demi-rel. dos et coins de mar. gren., dos ornés, fil., tête dor., non rog.

**341. La Marche** (Olivier de). Traités du Duel Judiciaire, Relations de Pas d'armes et Tournois, publiés par Bernard Prost. *Paris, L. Willem*, 1872, in-8, fac-simile, v. f., dos orné, fil., dent. int., tr. dor. (*Petit-Simier*).

Tiré à 400 exemplaires numérotés.
Exemplaire sur papier de Hollande. N° 72.

342. **LAMARTINE**. Œuvres poétiques et Romans. *Paris, Furne, Jouvet et Cie-Pagnerre-Hachelle et Cie*, 1875-1882, 9 vol. pet. in-12, titre r. et n., texte encadré de filets rouges, rel. et br.

> Les 6 volumes des Œuvres poétiques sont reliés en mar. bleu, dos ornés, fil., dent. int., tr. dor. (*Masson-Debonnelle*).
> Les 3 volumes des Romans sont brochés, avec couv.

343. **La Monnoye** (Bernard de) Gui Barôzai. Les Noels Bourguignons, publ. pour la première fois, avec une traduction littérale en regard du texte patois, et précédés d'une notice sur La Monnoye et de l'histoire des Noëls en Bourgogne, par F. Fertiault. *Paris, Lavigne*, 1842, in-12, demi-rel. chag. vert, dos orné, fil., tête dor., non rog.

> Edition recherchée. — Rare.

344. **Lance** (Ad.). Excursion en Italie. Aix-les-Bains, Chambéry, Turin, Novare, Milan, Brescia, Vérone, Padoue, Venise, Murano, Torcello, le lac Majeur, le lac de Côme, 15 eaux-fortes par L. Gaucherel. *Paris, Vve Morel et Cie* (*impr. D. Jouaust*), 1873, in-8, mar. bl., fil. et fers à froid, dent. int., tr. dor. (*Petit-Simier*).

> Tiré à 500 exemplaires sur papier de Hollande.

345. **Lanfrey** (P.). L'Eglise et les Philosophes au XVIII⁰ siècle, 2⁰ édit., revue et corrigée. *Paris, Pagnerre*, 1857, in-12, demi-rel. dos et coins de mar. br., tête dor., n. rog.

346. **LA ROCHEFOUCAULD**. Œuvres, nouv. édit., revue sur les plus anciennes impressions et les autographes, et augmentée de morceaux inédits, de variantes, de notices, de notes, d'un lexique des mots et locutions remarquables, etc., par D. L. Gilbert et J. Gourdault. *Paris, Hachette et Cie*, 1868-1883, 3 tom. en 4 vol. gr. in-8, mar. r. jans., dent. int., tr. dor. (*Chambolle-Duru*).

> Bel exemplaire en Grand Papier vélin, de la Collection des Grands Ecrivains de la France. — *Epuisé*.
> La notice biographique sur La Rochefoucauld est brochée.

347. **La Rochefoucauld** (de). Réflexions ou Sentences et Maximes morales. Edition Louis Lacour, imprimée par D. Jouaust. *Paris, Académie des bibliophiles*, 1868, in-8, titre r. et n., mar. vert, dos orné, fil., dent. int., tr. dor. (*Petit-Simier*).

> Tiré à 525 exemplaires numérotés. — Exemplaire tiré sur papier vergé.

348. **La Rochethulon** (Marquis de). Du rôle de la Garde Nationale et de l'Armée de Paris, dans les préparatifs de l'Insurrection du 18 mars. Rapport spécial fait à la Com-

mission d'enquête, suivi de pièces justificatives, lettres et relation de la bataille de Buzenval. *Paris, L. Techener*, 1872, in-8, demi-rel. dos et coins de mar. br., tête dor., non rog. (*Petit-Simier*).

349. **La Sablière** (Madrigaux de), suivis d'une appendice et précédés d'une préface par P. Blanchemain. *Paris, librairie des bibliophiles*, 1879, in-16, pap. de Holl., mar. r., dos orné, fil., dent. int., tr. dor. (*Masson-Debonnelle*).

> Tiré à petit nombre.

350. **Lasteyrie** (Cte C.-P. de). Des Droits naturels de tout individu vivant en société, études morales et politiques. *Paris, Pagnerre*, 1844, in-12, demi-rel. dos et coins de mar. violet, tête dor., non rog.

> Edition originale.

351. **La Taille** (Jean de). Satires, Epigrammes, Poëmes divers, le Prince nécessaire, la Géomance abrégée, publ. d'après des documents inédits, par René de Maulde. *Paris, L. Willem*, 1882, in-16, pap. de Holl., br., couv.

352. **Lauzun** (Duc de). Mémoires, édition complète, précédée d'une étude sur Lauzun et ses Mémoires, par G. d'Heylli. *Paris, Rouveyre*, 1880, in-8 écu, front. à l'eau-forte, en-tête et culs-de-lampe grav. par de Malvial, mar. bl., dos orné, fil, dent int., tr. dor. (*Masson-Debonnelle*).

> Exemplaire tiré sur papier vergé.

353. **La Vallière** (Duchesse de). Réflexions sur la miséricorde de Dieu, suivies de ses lettres et des sermons pour sa vêture et sa profession, par MM. d'Aire et de Condom, nouv. édit., revue, annotée et précédée d'une étude biographique, par P. Clément. *Paris, J. Téchener*, 1860, 2 vol. in-12, portr., demi-rel. dos et coins de v. f., dos ornés, fil., tête dor., n. rog. (*Petit-Simier*).

354. **Laveleye** (E. de). La Saga des Nibelungen dans les Eddas et dans le Nord Scandinave, traduction précédée d'une étude sur la formation des épopées nationales. *Paris, A. Lacroix et Cie*, 1866, in-12, demi-rel. dos et coins de mar. br., dos orné, fil., tête dor., n. rog.

355. **Lebeuf** (l'abbé). Histoire de la ville et de tout le diocèse de Paris, nouv. édit. annotée et continuée jusqu'à nos jours, par Hipp. Cocheris. *Paris, A. Durand*, 1863-1870, 4 vol. in-8, v. f, dos ornés, fil., dent. int., tr. dor. (*Petit-Simier*).

> Exemplaire en grand papier. — Le tome 4 est broché.

**356. Lebeuf** (l'abbé). Histoire de la ville et de tout le diocèse de Paris, *Paris, Féchoz et Letouzey*, 1883, 4 vol. gr. in-8, br.

**357. Légat** (Le) de la Vache à Colas de Sedège. Complainte Huguenote du XVI⁰ siècle, précédée d'une introduction, et accompagnée d'un Glose d'Orléans, par Emmanuel Vasse. (de Crète). *Paris, Académie des Bibliophiles*, 1868, in-16, pap. vergé de Holl., titre r. et n., mar. vert, dos orné, fil., dent. int., tr. dor. (*Petit-Simier*).

Tiré à 520 exemplaires.

**358. Le Houx** (Les Vaux de Vire de Jean), publiés pour la première fois sur le mss. autographe du poète, avec une introduction et des notes par **A. Gasté**. *Paris, Lemerre*, 1875, pet. in-12, pap. de Holl., portr. à l'eau-forte, mar. r., dos orné mosaïque, fil., dent. int , tr. dor. (*Petit-Simier*).

**359. Lemercier de Neuville** (L.). Théâtre des Pupazzi. *Lyon, N. Scheuring*, 1876, in-8, pap. vergé teinté, titre r. et n., portr. et vign. a l'eau-forte, mar. orange, dos orné mosaïque, fil., dent. int., tr. dor., couv. illust. (*Masson-Debonnelle*).

**360. Lepautre** (Collection des plus belles Compositions de), publiée et gravée par Decloux, architecte, et Doury, peintre. *Paris, Decloux et Doury, s. d* , in-fol. de 100 pl.,demi-rel. toile.

**361. Léry** (J. de). Histoire d'un voyage faict en la terre du Brésil, nouv. édit., avec une introduction et des notes, par P. Gaffarel. *Paris, Lemerre*, 1880, 2 vol. in-12 écu, pap. de Holl., br., couv.

**362. Le Sage.** Histoire de Gil Blas de Santillane, illustrée par J. Gigoux. — Lazarille de Tormès, trad. par L. Viardot, illustré par Meissonnier. *Paris, J.-J. Dubochet, Le Chevalier et Cie*, 1846, gr. in-8, demi-rel. chag. bl.

**363. Le Sage.** Histoire de Gil Blas de Santillane. Réimpression de l'édition de 1747, précédée d'une introduction par F. Sarcey et ornée d'un portrait de l'auteur d'après Guélard, gr. à l'eau-forte par Nargeot. *Paris, librairie des bibliophiles*, 1873, 2 vol. in-8, mar. bl., dos ornés, encadrem. de fil. avec coins, dent. int., tr. dor. (*Petit-Simier*).

Tiré à 500 exemplaires numérotés.<br>Exemplaire sur papier vergé, n° 384.

**364. Le Sage.** Histoire de Gil Blas de Santillane, avec notice et notes par Poulet-Malassis, 16 eaux-fortes, par H.

Pille, gravées par L. Monziès. *Paris, Lemerre*, 1877-78,
4 vol. pet in-12, pap. de Holl., mar. r., dos ornés, fil.,
dent. int., tr. dor. (*Masson-Debonnelle*).

365. **Le Sage**. Histoire de Gil Blas de Santillane, précédée
d'une préface par H. Reynald, 13 eaux-fortes par R. de
Los Rios. *Paris, librairie des bibliophiles*, 1879, 4 vol.
in-16, pap. de Holl., mar. bl., dos ornés, fil., dent. int., tr.
dor. (*Masson-Debonnelle*).

366. **Le Sage**. Le Diable boiteux, publ. par G. D'Heilly et
F. Steenackers. *Paris, Jouaust*, 1868, gr. in-8, titre r. et
n., mar. bl., dos orné, encadrem. de fil. et coins, dent. int.,
tr. dor. (*Petit-Simier*).

> L'un des 300 exemplaires tirés sur papier vergé, n° 201.
> Epuisé.

367. **Le Sage**. Le Diable boîteux, avec notice par A. France.
*Paris, Lemerre*, 1878, 2 vol. pet. in-12, pap. de Holl.,
mar. r., dos ornés, fil., dent. int., tr. dor. (*Masson-Debonnelle*).

368. **Le Sage**. Le Diable boîteux, avec une préface par H.
Reynald, gravures à l'eau-forte par Ad. Lalauze. *Paris,
librairie des bibliophiles*, 1880, 2 vol. in-16, pap. de Holl.,
br., couv.

369. **Le Sage**. Turcaret, comédie en cinq actes, réimprimée
sur la première édition, 1709, et précédée d'une notice par
F. de Marescot. *Paris, librairie des bibliophiles*, 1872,
in-12, pap. de Holl., mar. r. jans., dent. int., tr. dor.
(*Chambolle-Duru*).

370. **Lettres Portugaises**, publiées sur l'édition originale,
avec une notice préliminaire par Alex. Piedagnel. *Paris,
librairie des bibliophiles*, 1876, in-16, pap. de Holl., mar.
violet, dos orné, fil., dent. int., tr. dor. (*Petit-Simier*).

371. **Liger** (F.). La Ferronnerie ancienne et moderne, ou
monographie du fer et de la serrurerie. *Paris, chez l'auteur*, 1875, 2 vol. gr. in-8, nomb. fig. dans le texte et pl.
hors texte, demi-rel. dos et coins de mar. r., tête dor., n.
rog. (*PetitSimier*).

372. **Lock** (F.). Dictionnaire topographique et historique de
l'ancien Paris..., avec une notice historique sur Paris et
un plan. *Paris, Hachette et Cie, s. d.*, in-12, demi-rel.
dos et coins de mar. bl., dos orné, fil., tête dor., non rog.

373. **Loiseleur** (J.). La Doctrine secrète des Templiers, étude

suivie du texte inédit de l'enquête contre les Templiers de
Toscane et de la chronologie des documents relatifs à la
suppression du Temple. *Paris, Durand et Pedone-Lauriel,*
1872, in-8, demi-rel. dos et coins de mar. r., dos orné, fil.,
tête dor., n. rog. (*Petit-Simier*).

Ouvrage tiré à 200 exemplaires, accompagné de planches représentant l'idole attribuée aux Templiers et les coffrets de M. le duc de Blacas.

374. **Loiseleur** (J.). Les Points obscurs de la vie de Molière,
les années d'étude, les années de lutte et de vie nomade,
les années de gloire, mariage et ménage de Molière, avec
un portrait de Molière gravé à l'eau-forte par Ad. Lalauze.
*Paris, Liseux*, 1877, in-8 écu, pap. de Holl., mar. r. jans.,
dent. int., tr. dor. (*Petit-Simier*).

375. **Longus** (Les Pastorales de), où Daphnis et Chloé, trad.
d'Amyot, revue et complétée par P.-L. Courier, nouv. édit.,
accompagnée d'un glossaire des mots difficiles, par P.
Jannet. *Paris, E. Picard*, 1866, in-16, pap. vél., mar. br.,
dos orné, encadrem. de fil. avec coins, dent. int., tr. dor.
(*Petit-Simier*).

376. **Longus.** Les Amours pastorales de Daphnis et Chloé,
trad. par J. Amyot, texte de 1559, suivies de la traduction
revue par P.-L. Courier, précédées d'une notice par Et.
Charavay. *Paris, Lemerre*, 1872, pet. in-12, pap. de Holl.,
portr., front. gr. à l'eau-forte par Boilvin, mar. vert, dos
orné mosaïque, fil., dent. int., tr. dor. (*Petit-Simier.*)

377. **Longus.** Daphnis et Chloé, traduction de P.-L. Courier, gravures de Scott, notices par A. Pons. *Paris, Quantin*, 1878, in-32, pap. vélin, en-têtes en trois tons, genre
étrusque, par Scott, encadrement brique, mar. r., dos orné,
fil., dent. int., tr. dor. (*Masson-Debonnelle.*)

De la petite collection antique. *Épuisé.*

378. **Louis XI**. Les Dix dizaines des Cent Nouvelles Nouvelles, réimprimées par les soins de D. Jouaust, avec notice, notes et glossaire par Paul Lacroix, dessins gravés de
J. Garnier, reprod. par l'héliogravure et gravés par Lalauze. *Paris, librairie des bibliophiles*, 1874, 4 vol. in-16,
pap. de Holl., mar. bl., dos ornés, fil. dent. int., tr. dor.
(*Chambolle-Duru.*)

379. **Louvet de Couvray.** Les Amours du chevalier de Fau-
blas, avec une préface par Hipp. Fournier, dessins de P.
Avril, gravés à l'eau-forte par Monziès. *Paris, librairie
des bibliophiles*, 1884, 5 vol. in-16, pap. de Holl. br., couv.

380. **Lucas** (Hipp.). Le Portefeuille d'un Journaliste, romans
et nouvelles. *Paris, Pagnerre*, 1856, in-12, pap. vergé,
demi-rel. dos et coins de mar. r. foncé, dos orné, fil., tête
dor., n. rog.

> Edition originale.

381. **Lucien**. Dialogues des Courtisanes, traduction et notices
par A.-J. Pons, illustrations par H. Scott et F. Méaulle.
*Paris, Quantin*, 1881, in-32, en-têtes à fond d'or, encadrement vert bronze, br., couv.

> De la petite collection antique (*Epuisé*).

382. **Maillard** (F.). Les Publications de la Rue, pendant le
Siège et la Commune. Satires — Canards — Complaintes —
Chansons — Placards et Pamphlets. Bibliographie pitto-
resque et anecdotique. *Paris, Aubry*, 1874, in-12 carré,
front. gr. sur Chine volant, demi-rel. dos et coins de mar.
La Vall., tête dor., non rog. (*Petit-Simier.*)

383. **Maistre** (X. de). Voyage autour de ma Chambre. *Paris,
librairie des bibliophiles*, 1872, in-16, pap. de Holl. mar. r.
jans., dent. int., tr. dor. (*Chambolle-Duru.*)

384. **Maistre** (X. de). Voyage autour de ma Chambre, suivi
de l'Expédition nocturne, préface par J. Claretie, 6 eaux-
fortes par Hédouin. *Paris, librairie des bibliophiles*, 1877,
in-16, pap. de Holl. mar. La Vall. foncé jans., dent. int.,
tr. dor. (*Masson-Debonnelle.*)

385. **MALHERBE**. Œuvres, recueillies et annotées, par L.
Lalanne, nouv. édit., revue sur les autographes, les copies
les plus authentiques et les plus anciennes impressions,
et augmentée de notices, de variantes, de notes. d'un
lexique des mots et locutions remarquables, etc. *Paris,
Hachette et Cie*, 1862-69, 5 vol. gr. in-8, portr. fac-simile,
mar. r. jans., dent. int., tr. dor. (*Chambolle-Duru.*)

> Bel exemplaire en grand papier vélin. de la collection des Grands
> Ecrivains de la France.
> L'Album est relié avec le texte.

386. **Malherbe**. Œuvres poétiques, réimprimées sur l'édition
de 1630, avec une notice et des notes, par P. Blanchemain.
*Paris, librairie des bibliophiles*, 1877, in-16, pap. de Holl.,
mar. bl., dos orné, fil., dent. int., tr. dor. (*Smcers.*)

> Tiré à 500 exemplaires numérotés. N° 280.

387. **Mané**. Paris mystérieux. *Paris, Dentu*, 1861, in-12,
demi-rel. dos et coins de v. f., dos orné, fil., tête dor., non
rog. (*Petit-Simier.*)

**388. Manne** (E.-D. de). Galerie historique des Comédiens françois de la Troupe de Voltaire, gravés à l'eau-forte, sur des documents authentiques, par H. Lefort, avec des détails biographiques inédits, recueillis sur chacun d'eux, par E.-D. de Manne, nouv. édit. corrigée et augmentée. *Lyon, N. Scheuring,* 1877, in-8, pap. de Holl., titre r. et n., mar. r. dos orné, fil., dent. int., tr. dor. (*Masson-Debonnelle.*)

**389. Mantz** (P.). **LES CHEFS-D'ŒUVRE DE LA PEINTURE ITALIENNE.** Ouvrage contenant 20 planches chromolith. exécutées par F. Kellerhoven, 30 planches sur bois et 40 culs-de-lampe et lettres ornées. *Paris, F.-Didot et Cie,* 1870, in-fol., cart. perc. r., fers spéciaux, non rog.

**390. Mantz** (P.). **HANS HOLBEIN**, dessins et gravures sous la direction de Edouard Lièvre. Ouvrage illustré de 27 planches à l'eau-forte, tirées hors texte et de plus de 300 gravures dans le texte. *Paris, Quantin,* 1879, in-fol. en feuilles, dans un cartonnage artistique.

L'un des 100 exemplaires tirés sur papier de Hollande, avec plusieurs suites des planches.

**391. Mantz** (P.). **FRANÇOIS BOUCHER**. Lemoine et Natoire. Ouvrage illustré de 40 planches hors texte à l'eau forte par Boilvin, Boulard fils, Champollion, Gaujean, Le Rat, etc., et de plus de 100 gravures dans le texte d'après les procédés nouveaux de reproduction directe. *Paris, Quantin,* 1880, in-fol. en feuilles dans un cartonnage artistique.

L'un des 50 exemplaires tirés sur papier de Hollande avec plusieurs suites des planches.

**392. Marchet** (J.-Basilic), seigneur de Samos. Brief et vray Récit de la prinse de Térouane et Hedin, avec la Bataille faite à Renty (1553-1554), en latin et en français. *Suivant les éditions imprimées à Anvers,* 1555, pet. in-8, pap. de Holl., titre r. et n., v. f., dos orné, fil., dent. int., tr. dor. (*Petit Simier.*)

Réimpression dédiée à la Société des Antiquaires de la Morinie, par Félix Le Sergeant de Monnecove en 1874.

**393. Mareschal** (M.-A.-A.). La Faïence populaire au XVIIIe siècle, sa forme, son emploi, sa décoration, ses couleurs et ses marques, 112 planches en couleur, d'après les pièces originales. Les principales dessinées et chromolithographiées sur fond teinté. *Paris, E. Delaroque,* 1872, gr, in-8, cart., non rog.

**394. Marguerite d'Angoulême, reine de Navarre**. L'Heptaméron des Nouvelles, publié sur les manuscrits par les soins et avec les notes de MM. Le Roux de Lincy et A. de Montaiglon. *Paris, Eudes*, 1880, 4 tomes en 8 vol. in-8, fig., mar. bl., dos ornés de fleurs de lis, du chiffre et de la couronne de Marguerite d'Angoulême, fil., dent. int., tr. dor. (*Masson-Debonnelle.*)

Exemplaire sur papier Van Gelder Zonnen, avec deux suites de gravures hors texte, dont une en noir sur papier teinté, et la seconde en bistre, sur papier Van Gelder.

**395. Marguerite de Navarre**. L'Heptaméron des Nouvelles, réimprimé par les soins de D. Jouaust, avec une notice, des notes et un glossaire, par Paul Lacroix. *Paris, librairie des bibliophiles*, 1879-1880, 2 vol. gr. in-8, pap. de Holl., br., n. c., couv.

Tirage en grand papier à 260 exemplaire. N° 258.

**396. Marguerite de Navarre** (L'Heptameron de la reine), avec une introduction, un index et des notes par F. Frank, orné d'un portrait de la reine Marguerite et de 12 dessins de Sahib, gravés sur bois par A. Prunaire. *Paris, Liseux*, 1879, 3 vol. in-18, mar. citron, dos ornés de fleurs de lis, du chiffre et de la couronne de Marguerite de Navarre, fil., dent. int., tr. dor. (*Masson-Debonnelle.*)

**397. Marguerite de Valois**. Les Sept Journées de la reine de Navarre, suivies de la huitième, notice et notes par Paul Lacroix, index et glossaire, planches à l'eau-forte par Flameng. *Paris, librairie des bibliophiles*, 1872, 4 vol. in-16, pap. de Holl., mar. r., dos et plats semés de marguerites et de fleurs de lis encadrées dans un médaillon, fil., dent. int., tr. dor. (*Petit-Simier.*)

**398. Marguerites** (Les) de la Marguerite des princesses. Texte de l'édition de 1547, publ. avec introduction, notes et glossaire, par F. Franck, et accompagné de la reproduction des gravures sur bois de l'original et d'un portrait de Marguerite de Navarre. *Paris, librairie des bibliophiles*, 1873, 4 vol. in-16, pap. vergé, mar. bl., dos ornés, fil., dent. int., tr. dor. (*Chambolle-Duru.*)

Tiré à 400 exemplaires numérotés. N° 164.

**399. Marion** (J.). Rondeaulx et vers d'amour, par Jehan Marion, poète Nivernois du XVI° siècle, publiés pour la première fois, par P. Blanchemain. *Paris, L. Willem*, 1873, pet. in-8, v. porph., dos orné, fil., dent. int., tr. dor. (*Petit-Simier.*)

Edition princeps, tirée à 100 exemplaires numérotés.
Exemplaire sur papier de Hollande, n° 45.

**400. Marivaux** (Théâtre de), publié avec notice et notes par G. d'Heylli. *Paris, librairie générale*, 1876, in-16, portr. de Marivaux d'après Garand, gr. à l'eau-forte par A. Lalauze, mar. r., dos orné, fil., dent. int., tr. dor. (*Smeers.*)

Tiré à 517 exemplaires.

**401. Marolles** (M. de). Paris ou description de cette ville ; introduction et notes par l'abbé V. Dufour. *Paris, Quantin*, 1879, in-8, écu, portr. de Michel de Marolles d'après Nanteuil, gr. par H. Dubouchet, demi-rel. dos et coins de mar. r., dos orné, fil. tête dor., non rog.

Tiré à 330 exemplaires numérotés. Exemplaire sur papier de Hollande, n° 296.

**402. Marot.** Œuvres de Clément Marot de Cahors vallet de chambre du Roy (avec préface par A. Philibert-Soupé). *Lyon, N. Scheuring*, 1869, 2 vol. in 8 écu, portr., texte encadré de filets rouges, mar. gren., dos ornés, fil., dent. int., tr. dor. (*Masson-Debonnelle*).

L'un des 150 exemplaires tirés sur papier teinté. N° 41.

**403. Marti** (E.). Discours sur la Musique Zéphyrienne adressé aux Vénérables Crépitophiles. Opuscule facétieux d'Emmanuel Marti, doyen de l'Eglise d'Olone, texte original accompagné de la première traduction et illustré d'Historiettes crépitantes par un professeur de Basson. *Paris, L. Willem*, 1873, in-8, mar. La Vall., dos orné, fil., dent. int., tr. dor. (*Petit-Simier*).

Tiré à 300 exemplaires.
L'un des 200, sur papier teinté.

**404. MARTIN** (H.). **HISTOIRE DE FRANCE**, depuis les temps les plus reculés jusqu'en 1789. *Paris, Furne*, 1855-1860, 17 vol. in-8 et Album de gravures, gr. in-8, demi-rel., dos et coins de mar. vert, dos ornés, fil., tête dor., non rog.

**405. Martin** (H.). Daniel Manin, précédé d'un Souvenir de Manin, par Ernest Legouvé. *Paris, Furne et Cie*, 1859, in-8, portr., demi-rel. dos et coins de mar. vert, dos orné, fil., tête dor., non rog.

**406. Marx** (A.). Histoires d'une Minute, physionomies parisiennes, illustrées par G. Doré, avec une préface de Ch. Monselet. *Paris, Dentu*, 1864, in-12, demi-rel. dos et coins de mar. bl., dos orné, fil., tête dor., n. rog. (*Petit-Simier*).

Edition originale.

**407. Mascarades** et Farces de la Fronde (en 1649). Réim-

pression textuelle. *Turin, J. Gay et fils*, 1870, in-12, mar.
vert, dos orné, fil., dent. int., tr. dor. (*Smeers*).

Tiré à 110 exemplaires numé.otés.
Exemplaire sur papier vergé.

408. **Masque de fer** (le), échos illustrés du Figaro. *Paris,
au bureau du Figaro*, 1878, gr. in-4, nomb. fig. da.is le
texte, cart. perc. r., fers spéciaux, tr. dor.

409. **Massillon.** Petit Carême. *Paris, P. Didot l'aîné*, 1812,
in-12, pap. vélin, portr.-médaillon de P. Didot l'aîné, demi-
rel. dos et coins de mar. vert, tète dor., non rog.

De la Collection des meilleurs ouvrages de la langue françoise, dédiée aux Amateurs de l'art typographique.

410. **Masson** (J.-B. Le). Le Calendrier des Confréries de Paris, précédé d'une introduction avec des notes, par l'abbé
Valentin Dufour, parisien. *Paris, L. Willem*, 1875, in-16,
fig., mar. vert, dos orné, fil., dent. int., tr. dor. (*Smeers*).

Tiré à 350 exemplaires numérotés.
Exemplaire sur papier vergé des Vosges.

411. **Maupassant** (Guy de). Des Vers. *Paris, V. Havard*,
1884, in-16, pap. vél. teinté, portr. à l'eau-forte, par Le
Rat, fleurons et culs-de-lampe par F. Régamey, br.

Édition originale avec la couverture.

412. **Maurepas** (Recueil dit de), Pièces libres, chansons,
épigrammes, et autres vers satiriques sur divers personnages des siècles de Louis XIV et Louis XV, accompagnés
de marques curieuses du temps ; publiés pour la première
fois, d'après les mss. conservés à la Bibliothèque impériale,
à Paris, avec des notices, des tables, etc. *Leyde*, 1865, 6 vol.
pet. in-12, pap. de Holl., titre r. et n., mar. bl., dos ornés,
fil., dent. int., tr. dor.

Tiré à 116 exemplaires.

413. **Mazarin** (Histoire anecdotique de la jeunesse de), traduite de l'italien, avec des notes historiques et biographiques, par C. Moreau. *Paris, J. Techener*, 1863, in-12, pap.
vél., titre r. et n., demi-rel. dos et coins de mar. br., dos
orné, fil., tête dor., non rog.

414. **Mazois** (F.). Le Palais de Scaurus, ou description d'une
maison romaine, fragment d'un voyage de Mérovir à Rome,
précédé d'une notice biographique par Varcollier. *Paris,
F.-Didot et Cie*, 1859, in-8, fig., demi-rel. dos et coins de
mar. vert, dos orné, fil., tête dor., n. rog.

**415. MÉMOIRES DE LA COMMISSION DES ANTI-QUITÉS DU DÉPARTEMENT DE LA COTE-D'OR** (Années 1838 à 1864 inclus, et du 1er juillet 1869 au 1er juillet 1870). *Dijon, Lamarche,* 1841-1870. — Ensemble 7 vol. in-4, avec pl. demi-rel. dos et coins de mar. La Vall., tête dor., non rog.

**416. Méray** (A.). La Vie au temps des Trouvères, croyances, usages et mœurs intimes des XI°, XII° et XIII° siècles, d'après les Lais, Chroniques, Dits et Fabliaux. *Paris et Lyon, A. Claudin,* 1873, in-8, pap. de Holl., titre r. et n., v. f., dos orné, fil., dent. int., tr. dor. (*Petit-Simier*).

**417. Méray** (A.). La Vie au temps des Cours d'Amour, croyances, usages et mœurs intimes des XI°, XII° et XIII³ siècles d'après les Chroniques, Gestes, Jeux-partis et Fabliaux. *Paris, A. Claudin,* 1876, in-8, pap. de Holl., titre r. et n., v. f., dos orné, fil., dent. int., tr. dor. (*Petit-Simier*).

**418. Méray** (A.). La Vie au temps des Libres Prêcheurs, ou les devanciers de Luther et de Rabelais, croyances, usages et mœurs intimes des XIV°, XV° et XVI° siècles, seconde édition entièrement refondue et considérablement augmentée. *Paris, Claudin,* 1876, pet. in-8, pap. vergé, fig. sur bois, demi-rel. dos et coins de mar. gren., tête dor., non rog.

**419. MÉRIMÉE (P.). CHRONIQUE DU RÈGNE DE CHARLES IX**, illustrée de 31 compositions dessinées et gravées à l'eau-forte, par Edmond Morin. *Paris, imprimé pour les amis des livres, par G. Chamerot,* 1876, gr. in-8, mar. bl., dos fleurdelisé, fil. avec coins ornés de fleurs de de lis, dent. int., tr. dor. (*Masson-Debonnelle*).

Rare.
Ouvrage tiré à 115 exemplaires numérotés.

**420. Mérimée** (P.). Ses portraits, ses dessins, sa bibliothèque, étude par Maurice Tourneux, orné de deux portraits gravés de P. Mérimée, de fac-similés de dessins, etc., de têtes de pages et de fleurons inédits. *Paris, Charavay frères,* 1879, in-12 carré, pap. de Holl., demi-rel. dos et coins de mar. gren., dos orné, fil., tête dor., non rog., couv.

**421. Meunier** (S.). Lithologie pratique, ou étude générale et particulière des Roches, considérées au triple point de vue de leur composition, de leur gisement et de leurs applications industrielles et agricoles. *Paris, Dunod,* 1872, in-8, fig. dans le texte. dem.-rel. v. vert, tr. peig.

**422. Mézeray** (de). Abrégé chronologique de l'histoire de France. *Amsterdam, Abrah. Wolfgang*, 1688, 6 vol. — Histoire de France avant Clovis, l'origine des Français et leur établissement dans les Gaules. *Amsterdam, Abrah. Wolfgang*, 1692, 1 vol. — Ensemble 7 vol. in-12, front. gr. et portraits. mar. bl., dos ornés, fil.. dent. int., tr. dor. (*Petit-Simier*).

**423. MICHELET** (J.). Histoire de France. *Paris, A. Lacroix et Cie, s. d*, 17 vol. in-8, v. f.. dos ornés, fil., dent. int., tr. dor. (*Petit-Simier*).

L'un des 55 exemplaires tirés sur papier de Hollande, n° 34.

**424. Michelet** (J ). Nos fils, 3e édit. *Paris, Lacroix et Cie*, 1870, in-12, demi-rel. dos et coins de mar. gren., dos orné, fil., tête dor., n. rog.

**425. Mignard.** Histoire des principales fondations religieuses du Bailliage de la Montagne de Bourgogne. *Paris, Aubry, et Dijon, Lamarche*, 1864, in-4, pap. de Holl., pl. mar. vert. dos orné, encadrem. de fil. à froid avec coins or, dent. int., tr. dor. (*Petit-Simier*).

Tiré à 120 exemplaires.
Taches de rousseur.

**426. Mignard** Archéologie Bourguignonne, *Paris, Aubry, et Dijon, Lamarche*, 1874, in-8, pl., mar. gren. foncé, dos orné, fil., dent. int., tr. dor. (*Smeers*).

Tiré à 50 exemplaires, sur papier vergé, numérotés. — n° 14.

**427. Millevoye.** Œuvres, édition publiée avec des pièces nouvelles et des variantes, par P.-L. Jacob, bibliophile, 7 eaux-fortes par Ad. Lalauze. *Paris, Quantin*, 1880, 3 vol. in-8, mar. bl., dos ornés, fil., dent. int., tr. dor. (*Masson-Debonnelle*).

L'un des 50 exemplaires tirés sur papier Whatman, avec double suite des gravures, sur Chine avant la lettre, et sur Hollande avec la lettre.

**428. Milsand** (P.). Etudes bibliographiques sur les périodiques publiés à Dijon, depuis leur origine jusqu'au 31 décembre 1860. *Paris, Aubry, et Dijon, Ve Decailly*, 1861, in-8 de 88 pp., demi-rel. dos et coins de mar. r., tête dor., non rog. (*Petit-Simier*).

Tiré à 100 exemplaires.

**429. Milsand.** (Ph.). Procès poétique touchant les vins de Bourgogne et de Champagne, jugé souverainement par la Faculté de médecine de l'Ile de Cos, précédé d'une introduc-

tion par Ph. Milsand. *Paris, Aubry,* 1866, in-8 de 59 pp.,
pap. vergé, demi-rel. dos et coins de mar. r., tête dor., n.
rog. (*Petit Simier*).

Tiré à 140 exemplaires.

430. **Milsand** (Ph.). Les Rues de Dijon, leurs dénominations
anciennes et nouvelles, avec des notes historiques et biographiques, suivies d'un Guide-Itinéraire, avec gravures
et plans. *Paris, Aubry, et Dijon, Lamarche,* 1874, in-16,
demi-rel. dos et coins de mar. r., tête dor., n. rog.

431. **MODUS** (Le Livre du Roy) et de la royne Racio, nouvelle édition, conforme aux mss. de la Bibliothèque royale,
ornée de gravures faites d'après les vignettes de ces mss.
fidèlement reproduites. avec une préface par Elzéar
Blaze. *Paris, E. Blaze,* 1839, in-4 goth., pap. vergé de
Holl., mar. r. à long grain, dos orné à petits fers, large
dent. sur les pl., dent. int., tête dor., n. rog.

432. **Moine sécularisé** (Le). Réimpression textuelle de l'édition de 1675, augmentée d'une notice bibliographique, par
P.-L. Jacob, bibliophile. *San Remo, J. Gay et fils,* 1874,
pet. in-12, pap. de Holl., mar. r., dos orné. fil., dent. int.,
tr. dor. (*Smeers*).

Tiré à 200 exemplaires numérotés. N° 130.

433. **Moisant de Brieux**. Origines de quelques Coutumes
anciennes et de plusieurs façons de parler triviales, avec
une introduction biographique et littéraire, par E. de
Beaurepaire, un Commentaire et une Table analytique, par
G. Garnier, et un portrait de l'auteur, gravé par L. Merval.
*Caen, Le Gost Clérisse,* 1874, 2 vol. in-12, mar. bl. jans.,
dent. int., tr. dor, (*Chambolle-Duru*).

Tiré à 210 exemplaires numérotés.
Exemplaire sur papier vergé.

434. **Moléri**. La Traite des Blanches. *Paris, Pagnerre,* 1862,
in-12, demi-rel. dos et coins de mar. orange, dos orné,
fil., tête dor., non rog.

435. **MOLIÈRE**. Le Théâtre de J.-B. Poquelin de Molière,
collationné minutieusement sur les premières éditions et
sur celles des années 1666, 1674 et 1682, orné de vignettes
gravées à l'eau-forte d'après les compositions de différents
artistes, par Fréd. Hillemacher. *Lyon, N. Scheuring,*
1864-1870, 8 vol. — Galerie historique des portraits des
Comédiens de la Troupe de Molière, gravés à l'eau-forte
sur des documents authentiques, par Fréd. Hillemacher,
avec des détails biographiques succincts, relatifs à chacun

d'eux. *Lyon. N. Scheuring*, 1869, 1 vol. — Ensemble 9
vol. gr. in-8, portr. mar. r. foncé, dos ornés, fil., dent.
int., tr. dor. (*Masson-Debonnelle*).

Bel exemplaire tiré sur grand papier vergé de Hollande, auquel on
a ajouté la suite des 35 eaux-fortes d'après Boucher, gravées par
Boilvin, Courtry, Rajon, Chine volant, avec la lettre (publ. par Lemerre).

Exemplaire n° 12.

436. **MOLIÈRE**. Théâtre complet de J.-B. Poquelin de Molière, publ. par D. Jouaust, préface par D. Nisard, dessins
de Louis Leloir, gravés à l'eau-forte par Flameng. *Paris,
librairie des bibliophiles*, 1876-1883, 8 vol. gr. in-8, br.,
couv.

437. **MOLIÈRE**. Œuvres, nouv. édit., revue sur les plus
anciennes impressions, et augmenté de variantes, de notices, de notes, d'un lexique des mots et locutions remarquables, etc., par Eug. Despois et P. Mesnard. *Paris, Hachette et Cie*, 1873-1889 (Tomes I à X), 10 vol. gr. in-8, br.

Exemplaire en grand papier vélin de la collection des grands écrivains de la France. — *Épuisé. Rare.*

438. **Molière** (J.-B.-P. de). Psyché, tragédie-ballet, ornée
de 6 planches hors texte et 6 culs-de-lampe,gravés à l'eau-
forte par Champollion et publiée sous la direction de
M. Em.Bocher. *Paris, librairie des bibliophiles*,1880, in-4.
mar. vert, dos orné mosaïque, fil., dent. int., tr. dor.
*(Masson-Debonnelle)*.

L'un des 150 exemplaires tirés sur papier de Hollande.

439. **Molière** (Les Fragments de), comédie en deux actes et
en prose, mise au théâtre par Champmeslé. Réimprimée
sur l'édition originale (1682) et précédée d'une notice bibliographique, par Paul Lacroix. *San-Remo, J. Gay et fils*,
1874, pet. in-12, pap. de Holl., mar. bl. jans., dent. int.,
tr. dor. (*Smeers*).

Tiré à 100 exemplaires numérotés, n° 95.

440. **Molière**. Melisse, tragi-comédie, attribuée à Molière,
avec une notice par le Bibliophile Jacob. *Paris, librairie
des bibliophiles*, 1879, in-16, pap. vergé, mar. r., dos orné,
fil., dent. int., tr. dor. (*Masson-Debonnelle*).

Tiré à 340 exemplaires numérotés. N° 54.

441. **Molière**. Suite de 1 frontispice, 1 portrait de Coypel et
5 estampes des principaux sujets des comédiens de Molière,
d'après Ch. Coypel, réduites et gravées par T. de Mare.
*Paris, Vve Lefilleul*, in-4 en feuilles.

Épreuves sur papier de Hollande, avec la lettre.

442. **Molière** (Etudes sur). Le Tartuffe par ordre de Louis XIV, le véritable prototype de l'Imposteur, recherches nouvelles, pièces inédites publiées par L. Lacour. *Paris, A. Claudin*, 1877, pet. in-18, pap. vergé teinté, titre r. et n., front. à l'eau-forte. v. f., dos orné, fil., dent. int., tr. dor. (*Petit-Simier*).

443. **Molière** jugé par ses contemporains. Conversation dans une ruelle de Paris sur Molière défunt, par Donneau de Visé (1673). L'Ombre de Molière, par Marcoureau de Brécourt (1674), etc., avec une notice par A.-P. Malassis et un fac-simile des Armoiries de Molière. *Paris, Liseux*, 1877, pet. in-18, pap. vergé, mar. r. jans., dent. int., tr. dor. (*Petit-Simier*).

444. **Molière** (Les Intrigues de) et celles de sa femme, ou la Fameuse Comédienne, histoire de la Guérin. Réimpression conforme à l'édition s. l. n. d., suivie de variantes avec préface et notes, par Ch.-L. Livet, nouv. édit.,considérablement augmentée et ornée d'un portrait d'Armande Béjart. *Paris, Liseux*, 1877, in-8 écu, pap. de Holl., mar. r. jans.. dent. int., tr. dor. (*Petit-Simier*).

445. **Molière** (Oraison funèbre de), par le sieur de Vizé, suivie d'un recueil d'épitaphes et d'épigrammes, avec une notice par le bibliophile Jacob. *Paris, librairie de bibliophiles*, 1879, in-16, pap. vergé, mar. r., dos orné, fil., dent. int., tr. dor. (*Masson-Debonnelle*).

Tiré à 340 exemplaires numérotés. N° 43.

446. **Moncrif** (De). Contes, avec une notice bio-bibliographique par O. Uzanne. *Paris, Quantin*, 1879, in-8, portr., en-tête et cul-de lampe à l'eau-forte, mar. r., dos orné, fil., dent. int., tr. dor. (*Masson-Debonnelle.*)

L'un des 50 exemplaires tirés sur papier Whatman blanc, avec double épreuve du portrait et du cul-de-lampe, en sanguine avant la lettre, et en noir avec la lettre.

447. **Monnier** (H.). Paris et la Province. *Paris, Garnier frères*, 1866, in-12, demi-rel. dos et coins de mar. r., dos orné, fil., tête dor., n. rog. (*Petit-Simier.*)

448. **Monnier** (H.). Scènes populaires dessinées à la plume, par Henry Monnier, nouv. édit. *Paris, Dentu*, 1879, 2 vol. in-8, portr. et vign., demi-rel. dos et coins de mar. vert olive, dos ornés, fil., tête dor., non rog. (*Masson-Debonnelle.*)

449. **Monnier** (H.). Scènes populaires. *Bruxelles, Office de publicité, s. d.*, 2 tom. en 1 vol. in-16, cart. Bradel.

450. **Montaigne** (Les Essais de), réimprimés sur l'édition originale de 1588, avec notes, glossaire et index, par MM. H. Motheau et D. Jouaust, et précédés d'une note par S. de Sacy, portrait gravé à l'eau-forte par Gaucherel (Tom. I, II, III). *Paris, librairie des bibliophiles*, 1873-75, 3 vol. in-8, pap. vergé de Holl., mar. br. jans., dent. int., tr. dor. (*Masson-Debonnelle*.)

451. **Montesquieu.** Lettres Persanes, édition L. Lacour. Imprimée par D. Jouaust. *Paris, Académie des bibliophiles*, 1869, in-8, pap. vergé, mar. vert, dos orné, fil., dent. int., tr. dor. (*Petit-Simier*.)

   Tiré à 525 exemplaires. N° 413.

452. **Montesquieu.** Lettres Persanes, avec une préface par M. Tourneux, dessins d'Ed. de Beaumont, gravés à l'eau-forte par Boilvin. *Paris, librairie des bibliophiles*, 1886, 2 vol. in-16, pap. de Holl., br., couv.

453. **Montesquieu.** Le Temple de Gnide, suivi de Céphise et l'Amour et de Arsace et Isménie, introduction par F. de Marescot. *Paris, librairie des bibliophiles*, 1875, in-16, pap. de Holl. mar. r., dos orné, fil., dent. int., tr. dor. (*Chambolle-Duru*.)

   Tiré à petit nombre.

454. **Montesquieu.** Considérations sur les causes de la Grandeur des Romains et de leur Décadence, publ. avec une notice et des notes, par G. Franceschi. *Paris, librairie des bibliophiles*, 1876, in-16, pap. de Holl., mar. bl., dos orné, fil., dent. int., tr. dor. (*Smeers*.)

   Tiré à 500 exemplaires numérotés. N° 467.

455. **Mont Royal** (Ant. du). Les Glorieuses Antiquitez de Paris, avec introduction et notes par l'abbé V. Dufour. *Paris, Quantin*, 1879, in-8 écu, fig., demi-rel. dos et coins de mar. r., dos orné, fil., tête dor., non rog.

   Tiré à 330 exemplaires numérotés.
   Exemplaire tiré sur papier de Hollande, n° 296.

456. **Montfleury** (A.-J.). L'Impromptu de l'Hostel de Condé, comédie en un acte et en vers. Réimprimée sur l'édition originale (1664) et précédée d'une Notice bibliographique de Paul Lacroix. *San Remo, J. Gay et fils*, 1875, pet. in-12, pap. de Holl., mar. vert jans., dent. int., tr. dor. (*Smeers*.)

   Tiré à 100 exemplaires numérotés, n° 77,

457. **Montreuil** (De). Poésies, augmentées de pièces inédites, publ. avec préface et notes, par O. Uzanne. *Paris, librai-*

*rie des bibliophiles*, 1878, in-12, pap. de Holl., front. et portr. gr. à l'eau-forte, par Ad. Lalauze, mar. r., dos orné, fil., dent. int., tr. dor. (*Masson-Debonnelle.*)

458. **Morale** (La) des Jésuites, extraite fidèlement de leurs livres, par un docteur de Sorbonne (Nic. Perrault, avec une préface par Alex. Varret). *Suivant la copie imprimée, A Mons, chez la Vve Waudret*, 1702, 3 vol. in-12, demi-rel. dos et coins de mar. br., tête dor., non rog. (*Petit-Simier.*)

459. **Morellet** (Abbé André). Observations sur un ouvrage anonyme (de Feydel) intitulé : « Remarques morales, philosophiques et grammaticales, sur le Dictionnaire de l'Académie française » *Paris, impr. d'A. Clo*, 1807, in-8 de 79 pp. demi-rel. dos et coins de mar. r., tête dor., n. rog.

470. **Morlière** (Ch$^{ier}$ de la). Contes. Angola, avec une notice bio-bibliographique par O. Uzanne. *Paris, Quantin*, 1879, in-8, portr., en-tête et cul-de-lampe à l'eau-forte, mar. r., dos orné, fil., dent. int., tr. dor. (*Masson-Debonnelle.*)

L'un des 30 exemplaires tirés sur papier Whatman blanc, avec double épreuve du portrait et du cul-de-lampe, en sanguine avant la lettre, et en noir avec la lettre.

471. **Mortimer-Ternaux.** Histoire de la Terreur (1792-1794), d'après des documents authentiques et inédits. *Paris, M. Lévy frères*, 1868-1881, 8 vol. in-8, demi-rel. dos et coins de mar. vert, dos ornés, fil., tête dor., non rog. (*Petit-Simier.*)

Le tome VIII est broché.

471. *bis*. **MUSÉ DU LOUVRE** (Le). Collection de 500 gravures au burin reproduisant les principaux chefs-d'œuvre de la peinture et de la sculpture du Musée du Louvre. *Paris, P. Danlos ainé*, 1865, 5 vol. gr. in-fol. en feuilles.

Magnifique publication publiée à 1500 fr.

472. **Musée.** Héro et Léandre, traduction de Laporte du Theil, dessins de Pfnor, gravures de Méaulle, notices par A. Pons. *Paris, Quantin*, 1879, in-32, pap. vélin, en-têtes en trois tons, genre grisaille, encadrement chamois, mar. r., dos orné, fil., dent. int., tr. dor. (*Masson-Debonnelle.*)

De la petite collection antique (*Épuisé*).

473. **MUSSET** (A. de). **ŒUVRES COMPLÈTES**, avec lettres inédites, variantes, notes, index, fac-simile, notice biographique par son frère. Edition dédiée aux Amis du Poète, ornée de 28 dessins de M. Bida et d'un portrait d'Alfred de Musset, d'après l'original de M. Landelle, gravés sur acier, sous la direction de Henriquel Dupont, par les

premiers Artistes. *Paris, Charpentier*, 1866, 10 vol. gr. in-8, fig. mar. gren. dos ornés à petits fers, fil., dent. int., tr. dor. (*David.*)

Bel exemplaire en grand papier de Hollande, avec les gravures tirées sur Chine, avant la lettre. Légendes sur papier lilas.

474. **Nadaillac** (M^is de). Les premiers hommes et les temps préhistoriques, avec 12 planches et 244 figures dans le texte. *Paris, Masson*, 1881, 2 vol. gr. in-8, br.

475. **Nadaud** (G.). Chansons populaires — Chansons de salon — Chansons légères. Eaux-fortes par Edm. Morin. *Paris, librairie des bibliophiles*, 1879, 3 vol. in-16, pap. de Holl., mar. vert, dos ornés, fil., dent. int., tr. dor. (*Masson-Debonnelle.*)

476. **NAPOLÉON I**^er (Correspondance de), publiée par ordre de l'Empereur Napoléon III. *Paris, Impr. Impériale*, 1858-1869, 32 vol. in-4, fac-simile, demi-rel. dos et coins de mar. vert, tête dor., n. rog.

477. **Napoléon III**. Histoire de Jules César. *Paris, H. Plon*, 1865-66, 2 vol. gr. in-8, demi-rel. dos et coins de mar. bl., dos ornés, fil., tête dor., non rog. (*Petit-Simier.*)

478. **Noirot** (D^r L.). L'Art de vivre longtemps, 2^e édit., revue et augmentée. *Paris, Dentu*, 1868, in-12, demi-rel. dos et coins de mar. bl., tête dor., n. rog. (*Petit-Simier.*)

479. **Ohnet** (G.). Noir et Rose. *Paris, Ollendorff*, 1887, in-16 carré, pap. vergé teinté, br., couv.

480. **Old Nick** et **Grandville**. Petites misères de la vie humaine. *Paris, H. Fournier*, 1843, in-8, demi-rel., dos et coins de mar. r., dos orné mosaïque, fil., tête dor. (*Petit-Simier.*)

Première édition.

481. **Ordonnances** (les) faictes et publiées à son de trompe par les carrefours de ceste Ville de Paris, pour éviter le dangier de Peste 1531, précédées d'une étude sur les Epidémies parisiennes, par le D^r A. Chereau. *Paris, L. Willem*, 1873, in-16, pap. vergé des Vosges, fig. sur bois, mar. violet jans., dent. int., tr. dor. (*Petit-Simier*).

Tiré à 350 exemplaires numérotés. N° 37.

482. **Ordonnance** faicte pour les Funérailles célébrées à Paris le 24 avril 1498, pour l'enterrement du corps du bon roy Charles huytiesme, que Dieu absoille, avec son épitaphe et la piteuse complainte de dame chrestienté. Suivant les éditions imprimées MCCCCXCVIII. *Se vend à Pa-*

ris, *chez Léon Téchener*, 1874, pet. in-8, pap. vergé, titre
r. et n.. mar. La Vall. foncé, dos orné, fil., dent. int., tr.
dor. *(Masson-Debonnelle)*.

483. **Oudin** (C.-F.), sieur de Préfontaine. Le Poete extrava-
gant, avec l'Assemblée des Filous et des Filles de joye.
Réimpression textuelle de l'édition de Paris, 1670, avec notice bibliographique. *San Remo, J. Gay et fils*, 1875, pet.
in-12, pap. de Holl., mar. La Vall. foncé jans., dent. int.,
tr. dor. (*Smeers*).

Tiré à 100 exemplaires.

484. **Ouville** (L'Elite des Contes du sieur d'), réimprimé sur
l'édition de Rouen 1680, avec une préface et des notes par
G. Brunet. *Paris, librairie des bibliophiles*, 1883, 2 vol. gr.
in-8, pap. de Hollande, br., couv.

Tiré à 260 exemplaires numérotés. N° 139,

485. **Ovide.** Les Amours, traduction du Comte de Séguier,
gravures de Méaulle, dessins de Meyer. *Paris, Quantin*,
1879, in-32, pap. vélin, en-têtes en trois tons, genre pom-
péien, encadrement rose, mar. r., dos orné, fil., dent. int.,
tr. dor. (*Masson-Debonnelle*).

De la petite collection antique (*Epuisé*).

486. **Parfait** (P.). L'Arsenal de la Dévotion, notes pour servir à l'Histoire des Superstitions. *Paris, Decaux, s. d.*, in-
12, demi-rel. dos et coins de mar. br., tête dor., non rog.
(*Petit-Simier*).

487. **Palustre** (L.). La Renaissance en France, dessins et gravures sous la direction de Eug. Sadoux (Livraisons I à VI).
*Paris, Quantin*, 1879-1881, 6 fasc. in-fol. nomb. fig. dans
le texte, pl. hors texte grav. à l'eau-forte, en-têtes, culs-
de-lampe et lettres ornées, br., couv.

L'un des 60 exemplaires tirés sur papier de Hollande, avec 2 états
des planches hors texte, sur Japon avant la lettre, et sur Hollande
avec la lettre.

488. **Paris.** Atlas administratif de la Ville de Paris, dédié à
M. le Comte Anglès, Ministre d'Etat, Préfet de Police, par
M. N. Maire, géog. *Paris, Lottin*, 1821, gr. in-fol. 14
grandes planches, demi-rel. chag. pl. mont. sur onglets.

Manque la deuxième planche (*Arrondissements et Quartiers civils*).

489. **PARIS A TRAVERS LES AGES**, aspects succes-
sifs des Monuments et Quartiers de Paris, depuis le XIII°
siècle jusqu'à nos jours, fidèlement restitués d'après les
documents authentiques, par M. F. Hoffbauer, architecte.
Texte par MM. Ed. Fournier, P. Lacroix, A. de Montai-

glon, A. Bonnardot, J. Cousin, Franklin, V. Dufour, etc.
*Paris, F.-Didot et Cie*, 1875, 14 fasc. in-fol., nomb. fig.
dans le texte, pl. en chromolith. et plans de restitution, en
cartons.

490. **Paris**. Estat, noms et nombre de toutes les Rues de Paris, en 1636, d'après le mss. inédit de la Bibliothèque nationale, précédés d'une étude sur la voirie et l'hygiène publique à Paris, depuis le XII° siècle, par Alf. Franklin. *Paris, L. Willem*, 1873, in-16, mar. violet jans., dent. int.,
tr. dor. (*Petit-Simier*).

 Tiré à 350 exemplaires numérotés.
 Exemplaire sur papier vergé des Vosges, n° 28.

491. — *Le même*, v. f., dos orné, fil., dent. int., tr. dor.
(*Petit-Simier*).

492. **Paris**. Estienne Cholet. Remarques singulières de Paris, d'après l'exemplaire unique de la Bibliothèque nationale, accompagnant le Plan de Vassalieu, introduction et
notes par l'abbé V. Dufour. *Paris, Quantin*, 1881, in-8 écu,
pap. de Holl., plan, br., couv.

 Tiré à 330 exemplaires numérotés. N° 296.

493. **Paris. HISTOIRE GÉNÉRALE DE PARIS, COL
LECTION DE DOCUMENTS, PUBLIÉS SOUS
LES AUSPICES DU CONSEIL MUNICIPAL.** *Paris, impr. impér. et nationale*, 1866-1887, 27 vol. in-4, et
Atlas in-fol. Max, nomb. fig. dans le texte et pl. hors texte,
en noir et en couleur, cart., n. rog.

 Introduction à l'Histoire générale de Paris, par L.-M. Tisserand, 1
vol. — La Seine. Le bassin parisien aux âges antéhistoriques, par E.
Belgrand, 3 vol., dont 2 de pl. — Topographie historique du vieux
Paris, par A. Berty, E. Legrand et L.-M. Tisserand, 4 vol., I et II.
Région du Louvre et des Tuileries, III. Région du Bourg Saint-Germain, IV. Région du Faubourg Saint-Germain. — Plans de restitution.
Paris en 1380, par H. Legrand, 1 vol. — Les Armoiries de la Ville de
Paris, par le comte A. de Coëtlogon et L.-M. Tisserand, 2 vol., I.
Sceaux et Emblèmes, II. Devises. — Les Jetons de l'Echevinage parisien, par feu A. d'Affry de la Monnoye, 1 vol. — Etienne Marcel,
Prévôt des Marchands (1354-1358), par F. T. Perrens, 1 vol. — Le
Livre des Métiers, d'Etienne Boileau, publ. par René de Lespinasse,
et Franç. Bonnardot, 1 vol. — Paris et ses Historiens, aux XIV° et
XV° siècles, par Le Roux de Lincy et L.-M. Tisserand, 1 vol. — Les
Anciennes Bibliothèques de Paris (Eglises, Monastères, Collèges, etc ),
par Alfred Franklin, 3 vol. — Le Cabinet des Manuscrits de la Bibliothèque Nationale, par Léop. Delisle, 4 vol , dont 1 vol. de pl. — Registres des délibérations du Bureau de la ville de Paris (1499-1552),
par MM. F. Bonnardot, A. Tuetey et P. Guérin, 3 vol. — Les Métiers
et Corporations de la Ville de Paris, I (XIV°-XVIII° siècles) Ordonnances générales, Métiers de l'alimentation, par René de Lespinasse,
1 vol. — Cartulaire général do Paris, ou recueil de documents relatifs
à l'histoire et à la topographie de Paris, par Robert de Lasteyrie (tome
I.° 528-1180), 1 vol. — Atlas des Anciens plans de Paris, reproduction

en fac-simile des originaux les plus rares et les plus intéressants pour
l'histoire de la topographie parisienne, avec une table analytique présentant la légende explicative de chaque plan, et un appendice con-
sacré aux documents annexes, in-fol. max, contenant 33 plans en 60
feuilles, en carton.

494. **Paris**. Journal du Siège de Paris, en 1590, rédigé par
un des Assiégés, publ. d'après le mss. de la Bibliothèque
Mazarine, et précédé d'une étude sur les Mœurs et Coutumes des Parisiens au XVI° siècle, par Alf. Franklin. *Paris,
L. Willem*, 1876, pet. in-8, fig., mar. r., dos orné, fil., dent.
int., tr. dor. (*Masson-Debonnelle*).

> Tiré à 350 exemplaires numérotés.
> Exemplaire sur papier de Hollande, n° 178.

495. — *Le même*, maroq. vert, dos orné, fil., dent. int., tr.
dor. (*Smeers*).

496. **Paris**. Les Rues et les Cris de Paris au XIII° siècle, pièces historiques publiées d'après les mss. de la Bibliothèque
nationale, et précédées d'une étude sur les rues de Paris
au XIII° siècle, par Alf. Franklin. *Paris, L. Willem*, 1874,
in-16, mar. violet jans., dent. int., tr. dor. (*Petit-Simier*).

> Tiré à 350 exemplaires numérotés.
> Exemplaire sur papier vergé des Vosges.

497. **Paris**. Plan de Paris sous le règne de Henri II, par
Olivier Truschet et Germain Hoyau, reproduit en fac-simile
d'après l'exemplaire unique de la Bibliothèque de Bâle,
par M. P. Hoffbauër, sous la direction de MM. L. Siéber
et J. Cousin. *Paris, Champion*, 1877, gr. in-fol. de 8 feuilles en carton.

498. **Paris**. Plan général de la Ville et des Faubourgs de
Paris, rapporté et dessiné, par MM. A. Mangot, Th. Ja-
coubet et Bailly, basé d'après le grand plan trigonométri-
que de feu M. Verniquet, architecte, publ. par Mᵐᵉ sa Fille,
dédié et présenté à M. le cᵗᵉ de Chabrol de Volvic, préfet
du département de la Seine, année 1825. *Paris, Vve Lenoir*,
6 feuilles gr. in-fol.

499. **Paris**. Registre criminel de la justice de St-Martin des
Champs à Paris, au XIV° siècle, publ. pour la première
fois, d'après le mss. des Archives nationales, et précédé
d'une étude sur la juridiction des Religieux de St-Martin
(1060-1674), par L. Tanon. *Paris, L. Willem*, 1877, in-8
écu, plan, br., couv.

> Tiré à 350 exemplaires numérotés.
> Exemplaire sur papier de Hollande.

500. **Paris**. Une famille de Peintres Parisiens, aux XIV° et
XV° siècles. Documents et pièces originales, précédés d'un

Apercu sur l'histoire des Beaux-Arts en France, avant la Renaissance, par l'abbé Valentin Dufour, parisien. *Paris, L. Willem*, 1877, in-16, fig. v. f , dos orné, fil., dent. int., tr. dor. (*Petit-Simier*).

Tiré à 360 exemplaires numérotés.
Exemplaire sur papier vergé des Vosges, n° 40.

501. **Paris** (P.). Etudes sur François Ier, roi de France, sur sa vie privée et son règne, publ. d'après le mss. de l'auteur, et accompagnées d'une préface par G. Paris. *Paris, L. Techener*, 1885, 2 vol. in-8, br.

502. **Parnasse satyrique** (Le) du sieur Théophile, suivi du Nouveau Parnasse Satyrique. Edition revue sur toutes les éditions du XVII° siècle, corrigée et annotée. *S. l., l'an* 1864, 2 tomes en 1 vol. in-18, front. gr., mar. r., dos orné, fil., dent. int., tr. dor. (*Smeers*).

Exemplaire tiré sur papier de Chine, avec double épreuve du frontispice, en noir et en bistre.

503. **Parny**. Œuvres complètes. *Bruxelles, Laurent frères*, 1830, in-32, mar. violet, dos orné, large dent. à pet. fers, dent. int., tr. dor. (*Petit-Simier*).

Edition imprimée en caractères microscopiques. — RARE.
Petit raccommodage à l'angle du faux-titre.

504. **PASCAL**. (B.) Œuvres, nouv. édit. d'après les manuscrits autographes, les copies authentiques et les éditions originales, par M. Prosper Faugère (Tome Ier). *Paris, Hachette et Cie*, 1886, gr. in-8, br.

Exemplaire en grand papier vélin, de la Collection des Grands Ecrivains de la France.

505. **Pascal**. Pensées (Edition de 1670), précédées d'un avant-propos et suivies de notes et de variantes. Portrait gravé à l'eau-forte par Gaucherel. *Paris, librairie des bibliophiles*, 1874. in-8, pap. de Holl., mar. violet, dos orné, fil., dent. int., tr. dor. (*Masson-Debonnelle*).

506 **Pascal** (B.). Les Provinciales (texte de 1656-57), publ. avec notes et variantes, et précédées d'une préface par S. de Sacy. *Paris, librairie des bibliophiles*, 1877, in-8, br.. couv.

507. **Patry** (F.-C.-G.). La Création d'Eve, conte moral et historique, par P.-C.-G. P. (F.-C.-G. Patry). Au Jardin d'Eden, l'an de la création (*Paris, Didot l'aîné*, 1806), in-12 de 22 pp., demi-rel. dos et coins de mar. r., tête dor., n. rog.

Opuscule en vers qui n'a point été terminé. Il n'en a été tiré que 50 exemplaires QUÉRARD « *Supercheries* », II, 37 d, et III, 53 e.

# COLLECTION DES OUVRAGES

DE

## GABRIEL PEIGNOT

(RELIURE UNIFORME DOS ET COINS DE MAROQ. ROUGE, TÊTE DOR. NON ROG.)

*(Les Numéros 508 à 608 formant la réunion de tous les Opuscules et Ouvrages de G. Peignot, pourront être vendus en un seul lot sur la mise à prix de mille francs).*

508. — **Opuscules** philosophiques et poétiques de frère Jérôme, mises au jour par son cousin Gabriel P. (Peignot), *Paris, de l'impr. de Mercier, an 4° de la République française,* 1796, in-18.

509. — **Manuel** bibliographique ; où essai sur les Bibliothèques anciennes et modernes, et sur la connaissance des livres, des formats, des éditions, sur la manière de composer une bibliothèque choisie, etc., par G. P...... (Gabriel Peignot). *Paris, an IX de la République* (1800), in-8.

510. — **Bagatelles** poétiques et dramatiques, par G.-P.-B.-D.-L.-H -S) (Gabriel Peignot). *Paris, Villier-Desessarts, an IX-1809,* in-8 de 72, 48 et 51 pp.

> La première partie est formée des *Opuscules en vers*, renfermant quelques pièces fugitives et un poëme burlesque. *La Petite Franciade.* La seconde partie contient les deux pièces suivantes : imprimées chacune avec une pagination particulière : *Robin de Cidalise ou les Ingrats punis*, comédie en deux actes et en prose. La « *Cassette* », comédie en deux actes et en prose.

511. — **Dictionnaire** raisonné de Bibliologie, contenant l'explication des principaux termes relatifs à la Bibliographie, à l'Art typographique, à la Diplomatique, aux Langues, aux Archives, aux Manuscrits, aux Médailles, aux Antiquités, etc., etc., par G. Peignot. *Paris, Villier et A.-A. Renouard,* 1802-1804, 3 vol. in-8, y compris le Supplément.

512. — **Dictionnaire** critique, littéraire et bibliographique des principaux Livres condamnés au feu, supprimés ou censurés, précédé d'un discours sur ces sortes d'ouvrages ; par G. Peignot. *Paris, Allais,* 1806, 2 vol. in-8.

513. — **La Création et le Paradis perdu**, pot-pourri, par un Bourguignon (Gabriel Peignot). *A Bagdad, s. d. (vers 1807),* in-16 de 20 pp.

> Cette production de la jeunesse du célèbre bibliographe, n'a été tirée qu'à petit nombre.

**514.** — **Relation** de l'isle de Bornéo. *En Europe,* 1807, in-12, demi-rel. mar. r. à long grain, fil.

> Cette relation n'a été tirée qu'à 100 exemplaires.
> Exemplaire sur papier bleu.

**515.** — **Bibliographie curieuse**, ou Notice raisonnée des livres imprimés a cent exemplaires au plus, suivie d'une notice de quelques ouvrages tirés sur papier de couleur, par Gab. Peignot. *Paris,* 1808, in-8 de 91 pp. *(Cet ouvrage n'a été imprimé qu'à 100 exemplaires).*

**516.** — **Répertoire** de bibliographies spéciales, curieuses et instructions, contenant la notice raisonnée des Ouvrages imprimés à petit nombre d'exemplaires ; des Livres dont on a tiré des exemplaires sur papier de couleur; des livres dont le texte est gravé et des Livres qui ont paru sous le nom d'Ana. Le tout rédigé et publié avec des remarques historiques, littéraires et critiques, par G. Peignot. *Paris, Renouard,* 1810, in-8.

**517.** — **Répertoire** bibliographique universel, contenant la notice raisonnée des Bibliographies spéciales, publiées jusqu'à ce jour et d'un grand nombre d'autres ouvrages de bibliographie, relatifs à l'histoire littéraire, et à toutes les parties de la bibliologie; par G. Peignot. *Paris, A.-A. Renouard.* 1812, in-8.

**518.** — **Essai** sur l'histoire du parchemin et du vélin, par G. Peignot. *Paris, A.-A. Renouard,* 1812, in-8.

**519.** — **Bibliothèque** choisie des Classiques latins, considérés sous le rapport historique, analytique, philologique et bibliographique ; précédée de l'histoire de la langue latine, et suivie de dissertations propres à faciliter l'intelligence des auteurs latins; dédiée à M. le baron de Pommereul, par G. Peignot. *Paris, A.-A. Renouard,* 1813, in-8 de 83 pp.

**520.** — **De la Maison royale de France**, où Précis généalogique et anecdotique sur la famille de Bourbon et sur ses illustres aïeux, depuis Saint-Arnoul, en 596 ; précédé de la Généalogie des rois Mérovingiens et Carlovingiens ; et suivi d'un précis chronologiqme de la Révolution française, depuis le 22 février 1787 jusqu'au 6 juin 1814, etc , orné des portraits des Rois de France, par G. Peignot. *Paris, Renouard,* 1815, in-8, front. gr. et fig., demi-rel. dos et coins de cuir de Russie, dos orné, fil., non rog. *(Pellion).*

**521.** — **Précis chronologique** du règne de Louis XVIII, en 1814, 1815 et 1816, indiquant jour par jour les événemens politiques, civils, militaires et littéraires qui ont eu lieu, tant en France que dans les différens Etats de l'Europe, depuis le 23 avril 1814, jusqu'au 23 mars 1816, par G. Peignot. *Paris, Renouard*, 1816, in-8.

522. — **Testament de Louis XVI**, précédé de quelques réflexions tant sur cet acte que sur d'autres écrits de Sa Majesté ; et accompagné de notes historiques. Hommage rendu à la mémoire du meilleur et du plus infortuné des rois (par Gabriel Peignot). *Dijon, le 21 janvier* 1816, in-8 de 35 pp. (*Tiré à 75 exemplaires.*)

523. — **Testament** de Marie-Antoinette-Josèphe-Jeanne de Lorraine, archiduchesse d'Autriche, reine de France et de Navarre, née à Vienne le 2 novembre 1755, morte martyre le 16 octobre 1793. Ce Testament, découvert en février 1816, accompagné de réflexions, de notes historiques, et de toutes les pièces qui y sont relatives, fait suite au Testament du Roi, qui a été publié dans le même genre un mois auparavant (par Gab. Peignot). *Dijon, Noellat, février*, 1816, in-8 de 31 pp.

524. — **Recherches** sur les ouvrages de Voltaire, contenant des Réflexions générales sur ses écrits ; une Notice raisonnée des différentes éditions de ses œuvres choisies ou complètes, depuis 1732 jusqu'à ce jour ; le Détail des condamnations juridiques qu'ont encourues la plupart de ses écrits ; et l'Indication raisonnée des principaux ouvrages où l'on a combattu ses principes dangereux, par J. J. E. G......, avocat (Gab. Peignot). *Paris, chez les Marchands de nouveautés*, 1817, in-8 de VIII-68 pp.

525. — **Précis** historique et analytique des pragmatiques, concordats, déclaration, constitution, convention, et autres actes relatifs à la discipline de l'église, en France, depuis Saint Louis jusqu'à Louis XVIII, par G. Peignot. *Paris, A. A. Renouard*, 1817, in-8.

526. — **Traité du choix des Livres**, contenant des observations sur la nature des ouvrages les plus propres à former une collection peu considérable, mais précieuse sous le rapport du goût...Enfin une notice sur l'établissement d'une bibliothèque, sa construction, sa division, le soin que l'on doit prendre des livres, etc., etc., par G. Peignot. *Paris, A. A. Renouard et Dijon, V. Lagier*, 1817, in-8.

527. — **Mélanges littéraires**, philologiques et bibliographiques, contenant des recherches sur l'étymologie des noms propres dans les premiers temps de la monarchie, etc.,etc., par G. Peignot. *Paris, A. A. Renouard*, 1818, in-8, pap. vélin (*Tiré à 150 exemplaires.*)

528. — **Abrégé de l'Histoire de France**, composé de recherches curieuses la plupart négligées par les historiens, et contenant, dans l'ordre chronologique, la généalogie dé-

taillée des Princes de chaque race... enfin un précis de la Révolution française, présentant jour par jour les principaux événemens depuis l'assemblée des notables en 1787, jusqu'à la fin de 1819, par G. Peignot. *Paris, A.-A. Renouard*, 1819, in-8, front. gr. et portraits.

529. — **Essai historique** sur la Lithographie, renfermant l'Histoire de cette découverte ; une Notice bibliographique des ouvrages qui ont paru sur la Lithographie; et une Notice chronologique des différens genres de gravures qui ont plus ou moins de rapport avec la Lithographie, par G. Peignot. *Paris, A.-A. Renouard*, 1819, pet. in-8 de 60 pp., figure.

530. — **Recherches historiques,** littéraires et bibliographiques sur la vie et les ouvrages de M. de La Harpe, par Gab. Peignot. *Dijon, Frantin,* 1820, in-18.

531. — **Essai chronologique** sur les Hivers les plus rigoureux, depuis 396 ans av. J.-C. jusqu'en 1820 inclusivement ; suivi de quelques recherches sur les effets les plus singuliers de la foudre, depuis 1676, jusqu'en 1821, par G. Peignot. *Paris, A.-A. Renouard et Dijon, V. Lagier,* 1821, in-8.

532. — **Dictionnaire** historique et bibliographique, Abrégé des personnages illustres, célèbres ou fameux, de tous les siècles et de tous les pays du monde, avec les dieux et les héros de la mythologie, par L.-G. Peignot, et autres gens de lettres. *Paris, Haut-Cœur et Gayet,* 1821-22, 3 tom. en 4 vol. in-8.

533. — **Variétés,** notices et raretés bibliographiques ; recueil faisant suite aux Curiosités bibliographiques, par G. Peignot. *Paris, A.-A. Renouard,* 1822, in-8.

534. — **Manuel du Bibliophile,** ou Traité du choix des Livres, contenant des développements sur la nature des ouvrages les plus propres à former une collection précieuse, etc., par G. Peignot. *Dijon, V. Lagier,* 1823, 2 vol. in-8.

535. — **Amusemens philologiques,** ou Variétés en tous genres; seconde édition, revue, corrigée et augmentée, par G.-P. Philomneste. *Dijon, V. Lagier,* 1824, in-8.

536. — **Relation** des deux missions de Dijon ; l'une en 1737, l'autre en 1824 ; par M. L. T. I. D. E. (Gab. Peignot), nouv. édit., corrigée et augmentée d'une Notice sur l'origine des Missions de France. *Dijon, V. Lagier, 20 mai* 1824, in-12 de XX-76 pp.

537. — **Mémorial** religieux et biblique, ou Choix de pensées sur la religion et sur l'écriture sainte, par G.-P. (Gab. Peignot). *Dijon, V. Lagier,* 1824, in-18.

538. — **Lettre à M. C.-N. A******** (Amanton). Sur un ouvrage
intitulé : Les Poètes Français, depuis le XII° siècle jusqu'à
Malherbe, avec une Notice historique et littéraire sur
chaque Poète (par G. Peignot), et Notice sur la nouvelle
édition des Evvres de Lovise Labé Lionnoize, par M. C.-N.
A***** (Amanton). *Paris, A.-A. Renouard, octobre* 1824,
in-8 de 16 pp.

539. — **Lettre de M. Peignot**, à M. C.-N. Amanton, à Dijon,
sur l'ouvrage intitulé : Lettres de Henri VIII à Anne Bo-
leyn, publié par M. Crapelet (Extrait du Journal de Dijon,
novembre 1826). *Paris, de l'impr. de Crapelet*, gr. in-8 de
24 pp., pap. de Holl.

540. — **Recherches** historiques et littéraires sur les Danses des
Morts et sur l'origine des cartes à jouer, ouvrage orné de
cinq lithographies et de vignettes, par G. Peignot. *Dijon,
V. Lagier*, 1826, in-8.

541. — **Documens authentiques** et détails curieux sur les
Dépenses de Louis XIV... d'après un manuscrit du temps
de Colbert, récemment découvert à Dijon, par G. Peignot.
*Paris, J. Renouard et Dijon, V. Lagier*, 1827, in-8, portr.
de Louis XIV.

542. — **De l'état actuel** de la langue française, par G. A. Cra-
pelet, imprimeur, février 1828. Suivi d'une lettre de Gab.
Peignot, Dijon 10 octobre 1827 à M. Crapelet, imprimeur.
*Paris, de l'impr. de Crapelet*, in-8 de 22 pp.

543. — **Essai chronologique** sur les mœurs, coutumes et
usages anciens, les plus remarquables, dans la Bourgogne
(par Gab. Peignot). *Dijon, 1er janvier* 1827, in-12 de 80 pp.
*(Tiré à 100 exemplaires.)*

544. — **Histoire** de la Passion de Jésus-Christ, composée en
1490, par le R. P. Olivier Maillard ; publié en 1828. Comme
monument de la Langue française au XV° siècle, avec une
notice sur l'auteur, des notes, et une table des matières ;
par G. Peignot. *Paris Crapelet*, 1828, gr. in-8.

545. — **Lettre à M. C.-N. Amanton**, sur une nouvelle édition
des œuvres de Du Cerceau, par G. Peignot, Dijon, ce 29
décembre, 1828. *Dijon impr. de N. Odobé*, pet. in-8 de 12
pp. *(Tiré à 75 exemplaires.)*

546. — **Recherches historiques** sur la personne de Jésus-
Christ, sur celle de Marie, sur les deux généalogies du
Sauveur, et sur sa famille ; avec des notes philologiques,
des tableaux synoptiques, et une ample table des matières,
par un ancien Bibliothécaire (Gab. Peignot). *Dijon, V. Lagier*, 1829, in-8.

**547.** — **Choix de Testamens** anciens et modernes, remarqua-quables par leur importance, leur singularité, où leur bizarrerie ; avec des détails historiques et des notes, par G. Peignot. *Paris, Renouard et Dijon, V. Lagier*, 1829, 2 vol. in-8.

**548.** — **Histoire d'Hélène Gillet**, ou Relation d'un événement extraordinaire et tragique, survenu à Dijon dans le XVII<sup>e</sup> siècle, par un ancien avocat (Gab. Peignot). *Dijon, V. Lagier*, 1829, in-8 de XII ff. limin. et 59 pp.

**549.** — **Lettre à M. C.-N. Amanton**, sur un nouvel ouvrage, relatif aux costumes de femmes, depuis le milieu du XII<sup>e</sup> siècle, par Gab. Peignot. *Dijon, impr. de N. Odobé*, 1829, in-8 de 12 pp. *(Tiré à 75 exemplaires.)*

**550.** — **Lettres à M. C.-N. Amanton**, sur deux manuscrits précieux, du temps de Charlemagne, par G. Peignot, *Dijon, impr. de N. Odobé*, 1826, in-8 de 29 pp. *(Tiré à 100 exemplaires.)*

**551.** — **Précis** historique, généalogique et littéraire de la Maison d'Orléans, avec notes, tables et tableau, par un membre de l'Université (Gab. Peignot). *Paris, Crapelet*, 1830, in-8, portr. de Louis Philippe, par Hopwood.

**552.** — **Notice** des Ouvrages de bibliologie, d'histoire, de philologie, d'antiquités et de littérature, tant imprimés que manuscrits, de G. Peignot. *Paris, Crapelet*, 1830, in-8 de 51 pp.

**553.** — **Notice** sur les Forêts du département de la Côte-d'Or, *S. l. n. d.*, in-12, demi-rel. dos et coins de mar. r., tête dor., n. rog. *(Petit-Simier)*.

**554.** — **Notice** sur la vie et les ouvrages de Dom Jamin, par G. Peignot. *S. l. n. d.*, in-12 de 16 pp.

**555.** — **Virgile** virai an borguignon. Choix des plus beaux livres de l'Enéide, suivis d'Episodes tirés des autres livres, avec sommaires et notes, publiés par C.-N. Amanton, et un discours préliminaire, par G. P. (Gab. Peignot). *Dijon, impr. de Frantin*, 1831, in-18, pap. fin, v. f., dos orné, fil., dent. int., tr. dor. *(Simier)*.

Opuscule, tiré en tout à 244 exemplaires.

**556.** — **Essai** historique sur la liberté d'écrire, chez les anciens et au moyen âge ; sur la liberté de la presse, depuis le XV<sup>e</sup> siècle, et sur les moyens de répression dont ces libertés ont été l'objet dans tous les temps ; avec beaucoup d'anecdotes et de notes ; suivi d'un tableau synoptique de l'état des imprimeurs en France, en 1704, 1739, 1810, 1830, et d'une chronologie des lois sur la presse, de 1789 à 1831, par G. Peignot. *Paris, Crapelet,* 1832, in-8.

557. — **Notice** de XXII grandes miniatures, ou tableaux en couleur, réunis en tête d'un manuscrit du XV⁰ siècle ; précédée de quelques recherches, sur l'usage d'enrichir les livres de ces sortes d'ornements, chez les anciens et au moyen âge par G. Peignot. *Dijon, Frantin,* 1832, in-8 de 56 pp. bas. verte, fil. (*Aux armes du marquis de Morante*).

558. — **Nouvelles Recherches** littéraires, chronologiques et philologiques sur la vie et les ouvrages de Bernard de Lamonnoye, avec des notes renfermant quelques détails relatifs à Dijon et à la Bourgogne ; enrichies du portrait de Lamonnoye, et d'un fac-similé de son écriture, par G. Peignot. *Dijon, V. Lagier, mars* 1832, in-8.

559. — **Détails** historiques sur le Château de Dijon, depuis le XVᵉ siècle, époque de sa construction, jusqu'au temps présent. Lus à la séance du 19 décembre 1832, par G. Peignot, in-8 de 42 pp.

560. — **L'Illustre Jaquemart de Dijon,** détails historiques, instructifs et amusans sur ce haut personnage, domicilié en plein air dans cette ville depuis 1382 jusqu'en 1832, publiés avec sa permission en 1832 : le tout composé de pièces et de morceaux, tant en françois vieux et moderne, qu'en patois bourguignon, etc., par P. Bérigal. *Dijon, V. Lagier,* 1832, in-8 de XVI-91 pp., avec une lithographie.

Tiré à 250 exemplaires, sous le pseudonyme de P. Bérigal, qui est l'anagramme du prénom de l'auteur (Gabriel Peignot).

561. — **Tableau** de mœurs au Xᵉ siècle, ou la cour et les lois de Howel-le-Bon, roi d'Abertraw de 907 à 948, suivi de cinq pièces de la langue françoise, aux XIᵉ et XIIIᵉ siècle, telle qu'elle se parloit en Angleterre après la conquête de Guillaume de Normandie, et terminée par une notice historique sur la langue anglaise, depuis son origine jusqu'au XVIIIᵉ siècle (par Gab. Peignot). *Paris, de l'impr. de Crapelet,* 1832, gr. in-8, pap. vélin.

562. — **Histoire** morale, civile, politique et littéraire du Charivari, depuis son origine vers le IVᵉ siècle, par le docteur Calybariat, de Saint-Flour ; suivie du complément de l'histoire des Charivaris jusqu'à l'an de grâce 1833, par Eloi-Christophe Bassinet, sous-maître à l'école primaire de

Saint-Flour, et aide-chantre à la cathédrale. *Paris, Cra-pelet et Delaunay*, 1833, in-8, de VIII-326 pp.

563. — **Essai** sur la Reliure des Livres et sur l'état de la Librairie, chez les Anciens, lu à l'Académie de Dijon, séance du 28 août 1833, par G. Peignot, *Dijon*, 1883, in-8 de 63 pp., pl.

564. — **Géographie** abrégée de la France (par Gab. Peignot). *Dijon, V. Lagier*, 1833, in-12.

565. — **Essai** analytique sur l'origine de la langue française, et sur un recueil de monumens authentiques de cette langue, classés chronologiquement depuis le IX$^e$ siècle jusqu'au XVII$^e$, avec des notes historiques, philologiques et bibliographiques, par Gab. Peignot. *Dijon, V. Lagier*, 1835, in-8, fac-simile.

566. — **Les Bourguignons salés** : Diverses conjectures des savans sur l'origine de ce dicton populaire, recueillies et publiées, avec notes historiques et philologiques, par G. Peignot. *Dijon, V. Lagier*, 1835, in-8 de 43 pp.

567. — **Souvenirs** relatifs à Saint-Paul de Londres, suivis de quelques détails sur un autre monument de la même ville ; La Tour de Londres ; par Gab. Peignot. *Paris, Techener, et Dijon, V. Lagier*, 1836, in-8 de 15 pp. (*Tiré à 100 exemplaires*).

568. — **Nouvelles Recherches** sur le dicton populaire, Faire Ripaille, par G. Peignot. *Dijon, V. Lagier*, 1836, in-8 de 15 pp.

569. — **Recherches** historiques et bibliographiques sur les Autographes et sur l'Autographie, avec notes, citations et tables, par Gab. Peignot. *Dijon, de l'impr. de Frantin*, 1836, in-8 de 90 pp., plus 8 ff. lim.

570. — **Mœurs** et usages au Moyen-Age. La Selle Chevalière, par G. Peignot. *Paris, Techener, et Dijon, V. Lagier*, 1836, in-8 de 16 pp.

571. — **D'une Pugnition** divinement envoyée aux Hommes et aux Femmes, pour leurs paillardises et incontinences désordonnées (en 1493), avec notes amples, fructueuses, et très congruantes au sujet ; par P. Stephen Baliger, D. M. *A Naples et en France* (*Paris, Techener*), 1836, in-8 de 62 pp.

**572. — De Pierre Arétin.** Notice sur sa fortune, sur les moyens qui la lui ont procurée, et sur l'emploi qu'il en a fait, par G. Peignot. *Paris, Techener et Dijon, V. Lagier,* 1836, in-8 de 14 pp., vign. sur le titre (*Tiré à 100 exemplaires.*)

**573. — Souvenirs** relatifs à quelques bibliothèques particulières des temps passés, par G. Peignot. *Paris, Techener, et Dijon, V. Lagier,* 1836, in-8 de 23 pp.

**574. — Notice** sur la vie et les ouvrages de M. C.-N. Amanton, par G. Peignot. *Dijon, E. Frantin,* 1837, in-8 de 23 pp., portr. de Amanton.

**579. — Nouveaux** détails historiques sur le Siège de Dijon en 1513 ; sur le Traité qui l'a terminé, et sur la Tapisserie qui le représente, par G. Peignot. *Dijon, Douillier,* 1837, in-4 de 47 pp., fac-simile.

Tiré à 150 exemplaires.

**580. — Recherches** sur le Luxe des Romains, dans leur ameublement, avec des notes, par G. Peignot. *Dijon, V. Lagier,* 1837, in-8 de XII ff. et 94 pp. (*Tiré à 150 exemplaires.*)

**581. — Elémens de morale,** rédigés d'une manière simple, claire et proportionnée à l'intelligence des enfans, par G. Peignot, 3e édit , suivie d'Opuscules moraux de B. Franklin. *Dijon, V. Lagier,* 1838, in-18.

**582. — Histoire** de la fondation des Hôpitaux du Saint-Esprit de Rome et de Dijon, représentée en 22 sujets gravés dans les miniatures d'un manuscrit de la bibliothèque de l'Hôpital de la Charité de Dijon, accompagnée d'une description et d'un précis chronologique, par G. Peignot. *Dijon, Douillier,* 1838, in-4.

**583. — Recherches** sur les diverses opinions relatives à l'origine et à l'étymologie du mot Pontife ; par G. Peignot. *Dijon, V. Lagier,* 1838, in-8 de 28 pp. (*Tiré à 130 exemplaires.*)

**584. — Notice** sur un Bas-Relief représentant les Figures mystérieuses et symboliques dont les quatre évangélistes sont ordinairement accompagnés ; suivie de Recherches sur l'origine de ces symboles, par G. Peignot. *Dijon, Douillier,* 1839, in-4 de 16 pp. (*Tiré à 60 exemplaires.*)

**585. — Quelques recherches** sur d'anciennes traductions fran-

— 85 —

çaises de l'Oraison dominicale et d'autres pièces religieuses,
par Gab. Peignot. *Dijon, V. Lagier*, 1839, in-8 de 59 pp.

586. — **Quelques recherches** sur le Tombeau de Virgile au
Mont Pausilipe, par G. Peignot. *Dijon, V. Lagier*, 1840,
in-8 de 36 pp.

587. — **Recherches historiques**, sur l'origine et l'usage de
l'Instrument de Pénitence, appelé Discipline, par G. Peignot. *Dijon, V. Lagier*, 1841, in-8 de 31 pp.

588. — **Catalogue** d'une partie des Livres composant la Bibliothèque des Ducs de Bourgogne, au XV⁰ siècle, seconde édition revue et augmentée du Catalogue de la Bibliothèque
de Dominicains de Dijon, rédigé en 1307, avec détails historiques, philologiques et bibliographiques, par G. Peignot.
*Dijon, V. Lagier*, 1841, in-8.

589. — **Predicatoriana**, ou Révélations singulières et amu-
santes, sur les Prédicateurs ; entremêlées d'extraits piquants des sermons bizarres, burlesques et facétieux, prè-
chés tant en France qu'à l'Etranger, notamment dans les
XV⁰, XVI⁰ et XVII⁰ siècles ; suivies de quelques mélanges
curieux, avec notes et tables, par G. P. Philomneste. *Dijon,
V. Lagier*, 1841, in-8.

590. — **Le Livre des Singularités**, par G. P. Philomneste.
*Dijon, V. Lagier*, 1841, in-8.

591. — **Recherches** historiques et bibliographiques sur les
Imprimeries particulières et clandestines, qui ont existé
tant en France qu'à l'étranger, depuis le XV⁰ siècle jusqu'à nos jours, avec indication des principaux ouvrages
sortis de ces sortes de presses, par Gab. Peignot. — Pros-
pectus. — *Imprimerie de E. Duvergier* (1841), in-8 de
14 pp.

592. — **Voyage** de Piron à Beaune, écrits par lui-même, accompagné de pièces satiriques accessoires, et de sa biographie anecdotique (publié par Gab. Peignot). *Dijon, V. Lagier*, 1847, in-8 de 96 pp.

593. — **Recherches** historiques et philologiques sur la Philo-
tésie, ou usage de boire à la santé, chez les peuples anciens et modernes, par M. Peignot. *S. l. n. d.*, in-8 de
51 pp.

594. — **Catalogue** d'une nombreuse collection de Livres anciens, rares et curieux, provenant de la Bibliothèque de
feu Gabriel Peignot. *Paris, J. Téchener*, 1852, in-8.

6

595. — **Lettres** de Gabriel Peignot à son ami N.-D. Baulmont,
mises en ordre et publiées par Emile Peignot, son petit-fils.
*Dijon, Lamarche et Drouelle*, 1857, in-8, portr. de G.
Peignot.

596. — **Notice** biographique sur Gabriel Peignot, par P. D.
(Pierre Deschamps). *Paris, J. Téchener*, 1857, gr. in-8 de
2 ff. de tit. et 60 pp., pap. vergé de Holl.

597. — **Poésie** sur le Jugement, Supplice et Rémission
d'Hélène Gillet de Bresse (pour servir de suite à l'ouvrage de
Peignot, intitulé : Histoire d'Hélène Gillet). *Gand et Paris,
Aubry*, 1857, in-8 de 15 pp.

598. — **Opuscules** de Gabriel Peignot, extraits de divers journaux, revues, recueils littéraires, etc., dont il n'a été fait
aucun tirage à part; avec une introduction par Ph. Milsand, eau-forte par Ed. Hédouin. *Paris, J. Téchener*,
1863, in-8, pap. vergé.

599. — **Catalogue** par ordre alphabétique des ouvrages imprimés de Gabriel Peignot, comprenant plusieurs ouvrages
non indiqués dans les catalogues publiés précédemment,
par P.-M. (Philib. Milsand). *Paris, Aubry et Dijon, Vve
Decailly*, 1861. — Supplément, 1863. — Ensemble 1 vol.
in-8 de 54 et 14 pp.

599 *bis*. — *Le même ouvrage*, sans le Supplément, in-8 de
54 pp.

600. — **Essai** sur la vie et les ouvrages de Gabriel Peignot,
accompagné de pièces de vers inédites, par J. Simonnet.
*Paris, Aubry*, 1863, in-8, papier mécanique.

601. — **Lettres sur Dijon** (Ecrites en juillet 1831), suivies des
Observations sur Dijon, sous le nom d'Argos, et de la lettre
d'un Dijonnais à son ami, avec notes inédites de Gab. Peignot, tirées d'un manuscrit de la bibliothèque publique de
Dijon, par un Bibliophile. *Paris, Aubry*, 1863, in-8 de
57 pp.

602. — **Relation** d'un congrès tenu par les Oiseaux de la Haute-
Saône, à l'occasion d'une certaine Ambassade de Barta-
velles, qui fit son entrée, l'hiver dernier, dans bonne ville
de Vesoul (Pièce inédite de Gab. Peignot). *Paris, Aubry*,
1863, in-8 de 8 pp., pap. vergé teinté.

> Extrait du Bulletin du Bouquiniste, 1er avril 1863.
> Tiré à 25 exemplaires.

603. — **Notice** chronologique de tous les Souverains, Princes
et Princesses d'Europe, qui ont péri de mort violente, ou

qui ont été exposés aux attentats des assassins de 1437 à
1840, par G. Peignot. *Paris, Aubry*, 1865, in-8 de 20 pp.,
pap. vergé. (*Tiré à 125 exemplaires*).

604. — **Notice** exacte de toutes les personnes nées ou domici-
liées dans le départ. de la Côte-d'Or, qui ont péri sur l'écha-
faud, soit à Paris, soit à Dijon, soit à Lyon, pendant le
Régime Révolutionnaire du 23 frimaire an II (13 décembre
1793) au 9 thermidor an II (27 juillet 1794), par G. Peignot.
*Paris, Aubry*, 1865, in-8 de 18 pp., pap. vergé (*Tiré à 125
exemplaires*).

605. — **Les Manuscrits de Gabriel Peignot** (Lettre au Directeur du Bulletin du Bouquiniste), par P.-L. Jacob, bibliophile. *Paris, Aubry*, 1870, in-8 de 15 pp., pap. vergé.

606. — **Lettres** inédites de Gabriel Peignot, au docteur Bourée,
bibliothécaire de la ville de Chatillon-sur-Seine. *Dijon, Darantière* 1885, broch. in-12, pap. de Holl.. titre r. et n.,
br., couv. (*Tiré à 127 exemplaires*).

607. — **Lettres** inédites de Gabriel Peignot. Séjour de l'Empereur d'Autriche et des Alliés à Dijon en 1814. — Fêtes en
l'honneur de Monsieur, comte d'Artois, à Dijon en 1814. —
Inauguration de la Salle de spectacle de Dijon en 1828.
*Dijon, Darantière*, 1884, br. in-12, pap. de Holl., titre r.
et n., br., couv. (*Tiré à 110 exemplaires*).

608. — **Notice** sur la vie et les ouvrages de Gabriel Peignot,
par Paul Guillemot. *Dijon, impr. de E. Tricault, s. d.*,
in-8 de 19 pp.

---

609. **Pellico** (S.). Mes Prisons, traduction nouvelle, par F.
Reynard, dessins de Bramtot, grav. par Toussaint. *Paris,
librairie des bibliophiles*, 1887, in-16 pap. de Holl., br.,
couv.

610. **Perrault** (Ch.). Les Contes des Fées en prose et en vers,
2e édit., revue et corrigée sur les Editions originales et
précédée d'une lettre critique par Ch. Giraud. *Lyon, L.
Perrin*, 1865, in-8, portr., fig. et vign., mar. La Vall., dos
orné, encadrem. de fil. avec coins, dent. int., tr. dor. (*Petit-Simier*).

**611. Perrault** (Les Contes de Ch.), précédés d'une préface
par P.-L. Jacob, bibliophile, et suivis de la Dissertation
sur les Contes de Fées, par le B⁰ⁿ Walckenaer, 12 eaux-
fortes par Lalauze. *Paris, librairie des bibliophiles*, 1876,
2 vol. in-16, pap. de Holl., mar. bl., dos ornés, fil., dent.
int., tr. dor. (*Masson-Debonnelle.*)

**612. Perrault** (Ch.). Mémoires, précédés d'une notice, par
Paul Lacroix. *Paris, librairie des bibliophiles*, 1878, in-16,
pap. de Holl. mar. r., dos orné, fil., dent. int., tr. dor.
(*Masson-Debonnelle.*)

Tiré à petit nombre.

**613. PETITS POÈTES DU XVIII° SIÈCLE**, publiés
avec notices bio-bibliographiques, sous la direction de
Octave Uzanne. *Paris, Quantin*, 1879-1886, 12 vol. in-8,
portraits et vignettes à l'eau-forte, rel. et br.

Joseph Vadé. — Piron — Bertin. — Desforges-Maillard. — Lattai-
gnant. — Gilbert. — Bernis. — Gresset. — Gentil-Bernard. — Malfi-
lâtre. — Bonnard. — Boufflers.
Collection complète.
L'un des 50 exemplaires tirés sur papier Whatman blanc, avec deux
suites des gravures, en sanguine avant la lettre, et en noir avec la
lettre.
Les quatre premiers volumes, sont reliés en mar. rouge, dos ornés,
fil., dent. int., tr. dor. (*Masson-Debonnelle*), le reste br., couv.

**614. Philipon** (Ch.) et L. **Huart**. Parodie du Juif Errant,
300 vignettes par Cham. *Bruxelles, société Belge de librairie*, 1845, in-8, demi-rel. dos et coins de mar. gren., dos
orné, fil., tète dor. (*Masson-Debonnelle.*)

**615. Piédagnel** (A.). Avril, frontispice de Giacomelli, gravé
à l'eau-forte par Lalauze. *Paris Liseux*, 1877, in-18, titre
r. et n., texte encadré de fil. r., mar. r., dos orné, fil. et
dent. à pet. fers, dent. int., tr. dor. (*Petit-Simier*.)

Exemplaire tiré sur papier de Hollande.

**616. Pifteau** (B.). Les Maîtresses de Molière, amours du
grand comique, leur influence sur son caractère et son
œuvre, illustré de 5 eaux-fortes, *Paris, L. Willem,* 1879,
pet. in-8, mar. r., dos orné, fil., dent. int., tr. dor. (*Masson-
Debonnelle.*)

Exemplaire de Bibliophile tiré sur papier de Hollande.

**617. Piron** (A.). L'Evaireman de lai peste, poème bourguignon sur les moyens de se préserver des maladies conta-
gieuses, par Aimé Piron, Dijonnais, avec une introduction
et des notes philologiques par M. B⁺⁺⁺, Dʳ M. (Bourée, doc-

teur médecin et bibliothécaire de la ville de **Châtillon**).
*Chatillon-sur-Seine, Cornillac*, 1882, in-8 de 50 pp., pap.
vergé, demi-rel. dos et coins de mar. r,, tête dor., n. rog.

Tiré à 206 exemplaires.

618. **Piron** (Noels d'Aimé) en partie inédits, recueillis et mis
en ordre, avec un avant-propos, un glossaire et la musique
des airs les plus anciens et les moins connus, par Mignard.
*Dijon, Lamarche*, 1858, in-16, mar. gren., dos orné, fil.,
dent. int., tr. dor. (*Smeers.*)

Tiré à 200 exemplaires seulement.

619. **Piron** (A.). La Métromanie, comédie en cinq actes,
précédée d'une notice par F. de Marescot. *Paris, librairie des bibliophiles*, 1876, in-16, pap. de Holl. mar. gren.,
dos orné, fil., dent. int., tr. dor. (*Smeers.*)

Tiré à petit nombre.

620 **Piron** (A.). Poésies choisies et pièces inédites, avec une
notice bio-bibliographique par H. Bonhomme. *Paris, Quantin*, 1879, in-8, portr. et vign. à l'eau-forte, br., couv.

L'un des 50 exemplaires tirés sur papier Whatman blanc, avec
deux suites des gravures, en sanguine avant la lettre, et en noir avec
la lettre.

621. **PLUTARQUE**. Vies des Hommes illustres, traduites
du grec, par D. Ricard, ornées de statues, bas-reliefs,
cartes et de portraits, d'après l'antique. *Paris, F.-Aug.
Dubois*, 1838-1841, 15 tom en 23 vol. in-4, pap. vél., plus
1 vol. de table, demi-rel. dos et coins de mar. r., tête dor.,
n. rog. (*Smeers.*)

622. **Pogge**. Les Bains de Bade au XV° siècle, scène de
mœurs de l'âge d'or, traduit en français pour la première
fois par A. Méray, texte latin en regard. *Paris, Liseux*,
1876, pet. in-18, pap. vergé, titre r. et n., v. f., dos orné,
fil., dent. int., tr. dor. (*Petit-Simier*.).

623. **Pogge**. Les Facéties de Pogge, Florentin, traduites en
français, avec le texte en regard, première édition complète. *Paris, Liseux*, 1878, 2 vol. pet. in-18, mar. citron,
dos ornés, fil., dent. int., tr. dor. (*Masson-Debonnelle.*)

624. **Poirier dit le Boiteux**. Origine, Antiquités de Paris,
et Histoire de Rouen, mises en chansons au XVIII° siècle,
par Poirier dit le Boiteux, publiées avec une introduction
par un Bibliophile Rouennais, 3 eaux-fortes de J. Adeline.
*Paris, Aubry*, 1873, pet. in-8, titre r. et n., v. porph., dos
orné, fil., dent. int., tr. dor. (*Petit-Simier.*)

Tiré à 150 exemplaires numérotés sur papier vergé, n° 98.

625. **Poisle-Desgranges** (J.). Les Sonnets impossibles, avec 12 eaux-fortes par Alf. Taiée. *Paris, Bachelin-Deflorenne,* 1873, in-8, titre r. et n., v. f., dos orné, fil., dent. int., tr. dor. (*Petit-Simier.*)

L'un des 100 exemplaires tirés sur papier de Hollande, n° 40.

626. **Polymachie** (la) des marmitons, ou la Gendarmerie du Pape'", en laquelle est amplement descrite l'ordre que le Pape veut tenir en l'armée qu'il veut mettre sus pour l'esleuement de sa Marmite, avec le nombre des capitaines et soldats, qu'il veut armer pour mettre en campagne. *Lyon, par Jean Saugrain,* 1563, in-8 de 7 ff., demi-rel. v.

Cet ouvrage a été imprimé à Besançon, en 1806, par M. Thomassin, chirurgien en chef des armées de France, officier de la Légion d'honneur; né près de Dole le 1er septembre 1750, mort à Besançon le 25 mars 1828.

C'est une réimpression d'un ouvrage fort rare: elle n'a été tirée qu'à 25 exemplaires, et 2 sur vélin. *Note de Gabriel Peignot.*

627. **Ponthieux** (N.). Archéologie préhistorique. — Le Camp de Catenoy (Oise), station de l'homme à l'époque dite de la pierre polie. *Beauvais, J. Noulens,* 1872, gr. in-8, pl., demi-rel., dos et coins de mar. La Vall., tête dor., non rog. (*Petit-Simier.*)

628. **Porry** (Cte Eug. de). Les Amours chevaleresques, épisodes du Roland Furieux de l'Arioste, traduction en vers, 2° édit., corrigée. *Paris, L. Techener,* 1869, in-16. pap. vélin, v. f., dos orné, fil., dent. int., tr. dor. (*Petit-Simier.*)

629. **Porry** (Cte Eug. de). Echos du Volga, contes russes, traduits en français, 2° édit., corrigée. *Paris, L. Techener,* 1871, pet. in-8, pap. vélin, v. f., dos orné, fil., dent int., tr. dor. (*Petit-Simier.*)

630. **Postel** (Guill.). Les très-merveilleuses victoires des femmes du Nouveau-Monde, suivi de la Doctrine du siècle doré, avec une notice biographique et bibliographique, par G. Brunet. *Turin, J. Gay et fils,* 1869, pet. in-4, pap. Whatman, mar. vert, dos orné, encadrem. de fil. à froid et dent. or sur les plats, dent. int., tr. dor. (*Petit-Simier.*)

Tiré à 100 exemplaires.

631. **Pothey** (A.). La Muette, illustrée par MM. H, Daumier, H. Monnier, Bin, Berthon, Taiée, etc., gravures de MM. Gillot et Comte, fac-simile de M. Cuisinier. *Paris, P. Daffis,* 1870, gr. in-8 de 30 pp., pap. vélin, demi-rel. dos et coins de mar. r., tête dor., éb. (*Petit-Simier*).

632. **POTTIER** (A.). Histoire de la Faïence de Rouen, ouvrage posthume publié par les soins de MM. l'abbé Colas,

G. Gouellain et R. Bordeaux, orné de 60 planches imprimées en couleurs et de vignettes, d'après les dessins de
Mlle Emilie Pottier. *Rouen, A. Le Brument*, 1870, in-4,
mar. r., dos orné, encadrem. de fil. avec coins, dent. int.,
tr. dor. *(Smeers).*

Les planches sont en feuilles dans un carton.

633. **Poulet-Malassis** (A.). Les Ex-libris français, depuis
leur origine jusqu'à nos jours, nouv. édit., revue, très
augmentée, et ornée de 24 planches. *Paris, P. Rouquette*,
1875, gr. in-8, pap. vergé, mar. vert, dos orné, fil., dent.
int., tr. dor. *(Masson-Debonnelle).*

Tiré à 353 exemplaires.

634. **Prévost** (l'abbé). Histoire de Manon-Lescaut et du
chevalier Des Grieux, édition illustrée par Tony-Johannot,
précédée d'une notice historique sur l'auteur, par J. Janin.
*Paris, E. Bourdin et Cie, s. d.*, 1839, gr. in-8, demi-rel.
chag. gren., dos orné *(Qq. mouillures).*

Premier tirage.

635. **Prévost** (Abbé). Manon-Lescaut, publ. par G. d'Heilly.
*Paris, Jouaust*, 1867, in-8, titre r. et n., mar. bl., dos
orné, encadrem. de fil. avec coins, dent. int., tr. dor, *(Petit-Simier).*

Tiré à 342 exemplaires numérotés.
Exemplaire tiré sur papier de Hollande. N° 224.

636. **Prévost** (Abbé). Histoire de Manon-Lescaut et du chevalier des Grieux, précédée d'une étude par A. Houssaye,
6 eaux-fortes par Hédouin. *Paris, librairie des bibliophiles*, 1874, 2 tom. en 1 vol. in-8, mar. bl., dos orné, fil.,
dent. int., tr. dor. *(Masson-Debonnelle).*

L'un des 170 exemplaires tirés sur papier de Hollande. N° 129.

637. **Proudhon** (P.-J.). Correspondance. *Paris, A. Lacroix
et Cie*, 1875, 14 vol. in-8, portr. à l'eau-forte par H. Lefort,
demi-rel. dos et coins de mar. br, tête dor., n. rog. *(Petit-
Simier).*

L'un des 45 exemplaires, tirés sur papier vergé de Hollande. N° 4.

638. **Prugin** (A.-W.). Modèles d'Orfévrerie, Argenterie, etc.,
27 pl. — Modèles de Ferronnerie, Serrurerie et Bronzerie,
style des XVe et XVIe siècles, 27 pl. — Modèles d'ameublement gothique dans le style du XVe siècle, 24 pl. *Paris,
Noblet, s. d.*, in-4 de 78 pl., demi-rel. dos et coins de mar.
r., dos orné, fil., tête dor., n. rog.

\- 92 \-

**639. QUÉRARD** (J.-M.). Les Supercheries littéraires dévoilées, seconde édition, considérablement augmentée, publiée par MM. G. Brunet et P. Jannet, suivie du Dictionnaire des Ouvrages anonymes, par **A.-A. BARBIER,** troisième édition, revue et augmentée par M. Olivier Barbier et d'une table générale des Noms réels des Ecrivains anonymes et pseudonymes cités dans les deux ouvrages. *Paris, P. Daffis,* 1869-1879. — Ensemble 7 vol. gr. in-8, demi-rel. dos et coins de mar., tête dor., n. rog.

> Exemplaire en grand papier vergé.
> Les Supercheries sont rel. en demi-mar. gren. (*Petit-Simier*), et le Dictionnaire en demi-mar. rouge. (*Masson-Debonnelle*).

**640. Quicherat** (J.). De la formation française des anciens noms de lieu. Traité pratique, suivi de remarques sur des noms de lieu fournis par divers documents. *Paris, Franck,* 1867, in-12, pap. vergé, demi-rel. dos et coins de mar. bl., tête dor., n. rog. (*Petit-Simier*).

**641. Quinze Joyes de mariage** (Les), avec des notes et un glossaire par D. Jouaust, et une préface de L. Ulbach, eaux-fortes par Ad. Lalauze. *Paris, librairie des bibliophiles,* 1887, in-16, pap. de Holl., br., couv.

**642. Rabbinowicz** (D<sup>r</sup> I.-J.-M.). Législation criminelle du Talmud. Organisation de la Magistrature Rabbinique, autorité légale de la Mischnah, ou traduction critique des Traités Talmudiques, Synhedrin et Makhoth et des deux passages du traité Edjoth. *Paris, Imprim. Nationale,* 1876, gr. in-8, demi-rel. dos et coins de mar. gren. foncé, tête dor., n. rog. (*Petit-Simier*).

**643. Rabelais.** Œuvres, précédées de sa biographie et d'une dissertation sur la prononciation du français au XVI<sup>e</sup> siècle, et accompagnées de notes explicatives du texte, par M. A.-L. Sardou. Nouvelle édition collationnée sur les meilleures éditions anciennes, avec indication des variantes, et pour le V<sup>e</sup> livre, correction ou restitution de nombreux passages et d'un chapitre tout entier d'après un vieux manuscrit de la Bibliothèque Nationale. *San Remo, J. Gay et fils,* 1874-75, 3 vol. pet. in-8, titre r. et n., portr. et fac-simile, mar. La Vall. foncé, dos ornés, encadrem. de fil. à froid, dent. et coins or sur les pl., dent. int., tr. dor. (*Petit-Simier*).

> Tiré à 500 exemplaires numérotés dont 478 sur papier de Hollande. N° 417.

**644. Rabelais** (Les Cinq livres de F.), publiés avec des variantes et un glossaire, par P. Chéron, et ornés de 11

Eaux-fortes par E. Boilvin. *Paris, librairie des bibliophiles*, 1876-77, 5 vol. in-16, pap. de Holl., mar. gren., dos ornés, fil., dent. int., tr. dor. (*Masson-Debonnelle*).

645. **Rabelais** (Les Quatre livres de maistre François), suivis du Manuscrit du cinquième Livre, publ. par MM. A. de Montaiglon et L. Lacour. Impression par D. Jouaust. *Paris, Académie des Bibliophiles*, 1868-1872, 3 vol. in-8. pap. vergé, mar. vert, dos ornés, fil., dent. int., tr. dor. (*Petit-Simier*).

 Tiré à 525 exemplaires.

646. **Rabelais.** Les Songes drolatiques de Pantagruel, où sont contenues plusieurs figures de l'invention de maistre François Rabelais, avec une introduction et des remarques par M. E. T. *Paris, Tross*, 1869, pet. in-8, pap. de Holl., titre r. et n , fig., mar. vert, dos orné de mosaïque à pet. fers, encadrem. de fil. brisés avec coins de mar. r. à pet. fers, dent. int., tr. dor. (*Petit-Simier*).

647. **RACINE** (J.). Œuvres, nouv. édit , revue sur les plus anciennes impressions et les autographes, et augmentée de morceaux inédits, des variantes, de notices, de notes, d'un lexique des mots et locutions remarquables, etc., par P. Mesnard. *Paris, Hachette et Cie*, 1865-1873, 8 vol. plus 1 vol. de musique. — Ensemble 9 vol. gr. in-8, mar. r. jans., dent. int., tr. dor. (*Chambolle-Duru*).

 Bel exemplaire en grand papier vélin, de la Collection des Grands Ecrivains de la France.
 *Epuisé.*
 L'Album est relié avec le volume de musique.

648. **Racinet** (A.). **LE COSTUME HISTORIQUE** et ses accessoires (armes, outils, objets usuels, décor de l'habitation, etc.); recueil de documents authentiques retraçant l'histoire du costume dans tous les pays, depuis l'antiquité jusqu'au XIXᵉ siècle et contenant 500 planches dont 300 en couleur, or et argent, avec des notices explicatives et une étude historique. *Paris. F.-Didot et Cie, s. d.*, 20 fasc., gr. in-4, en cartons.

649. **Racinet** (A.). **L'ORNEMENT POLYCHROME**, 100 planches en couleurs, or et argent, contenant environ 2,000 motifs de tous les Styles, Art ancien et Asiatique, au Moyen-Age, Renaissance, XVIIᵉ et XVIIIᵉ siècles. Recueil historique et pratique accompagné de notes explicatives et une introduction générale. *Paris, F.-Didot et Cie, s. d.*, in-fol., demi-rel. dos et coins de mar. bl., dos orné, fil., tête dor., n. rog.

650. **Rayet** (O.). **MONUMENTS DE L'ART ANTIQUE.**
Ouvrage orné de grandes planches en taille douce et en
couleur, accompagnées de notices historiques et explicatives. *Paris, Quantin*, 1880-1884, 2 tom. en 6 livraisons
in-folio, br., couv.

> L'un des 50 exemplaires tirés sur papier de Hollande avec les
> planches sur Chine.

651. **Recueil** (Nouveau) de Farces Françaises des XV<sup>e</sup> et
XVI<sup>e</sup> siècles, publié, d'après un volume unique appartenant
à la Bibliothèque royale de Copenhague, par Émile Picot
et Christophe Nyrop. *Paris, D. Morgand et Ch. Fatout,*
1880, pet. in-8, pap. vergé, mar. r., dos orné, fil., dent. int.,
tr. dor. *(Masson-Debonnelle).*

652. **Recueil** de pièces rares et facétieuses, anciennes et
modernes, en vers et en prose, remises en lumière pour
l'esbattement des Pantagruélistes, avec le concours d'un
bibliophile. *Paris, A. Barraud,* 1872-1873, 4 vol. pet. in-8,
fig. et vign. mar. vert, dos ornés, fil., dent. int., tr. dor.
*(Chambolle-Duru).*

> L'un des 300 exemplaires tirés sur papier vergé, n° 156.

653. **Recueil** général et complet des Fabliaux des XIII<sup>e</sup> et
et XIV<sup>e</sup> siècles, imprimés ou inédits, publ. avec notes et
variantes d'après les manuscrits, par A. de Montaiglon et
G. Raynaud. *Paris, librairie des Bibliophiles,* 1872-1883
(Tomes I à V), 5 vol. gr. in-8, mar. r., dos ornés, fil., dent.
int., tr. dor. *(Masson-Debonnelle).*

> L'un des 150 exemplaires tirés sur papier de Hollande.
> Le tome V est broché.

654. **Regnard** (J.-F.). Voyage de Laponie, précédé d'une
notice par Aug. Lepage, *Paris, librairie des Bibliophiles,*
1875, in-16, pap. de Holl., mar. gren. foncé, dos orné, fil.,
dent. int., tr. dor. *(Petit-Simier)*

> Tiré à petit nombre.

655. **Regnard** (J.-Fr.). Théâtre, publ. avec une notice et
des notes, par G. d'Heilli. *Paris, librairie des Bibliophiles,*
1876, 2 vol. in-16, pap. de Holl., mar. bl., dos ornés, fil.,
dent. int., tr. dor. *(Smeers).*

> Tiré à 500 exemplaires numérotés, n° 271.

656. **Regnier.** Œuvres. Édition Louis Lacour, imprimée par
D. Jouaust. *Paris, Académie des bibliophiles,* 1867, in-8,
titre r. et n., mar. vert, dos orné à pet. fers, fil., dent. int.,
tr. dor. *(Petit-Simier.)*

> Tiré à 532 exemplaires numérotés.
> Exemplaire sur papier vergé.

**657. Regnier** (M.). Œuvres, publ. par D. Jouaust, avec préface, notes et glossaire par L. Lacour. *Paris, librairie des bibliophiles*, 1876, in-16, pap. de Holl., mar. bl., dos orné, fil., dent. int., tr. dor. (*Smeers.*)

Tiré à 500 exemplaires numérotés. N° 497.

**658. REMBRANDT** (l'Œuvre de) décrit et commenté, par Charles Blanc Ouvrage comprenant la reproduction de toutes les estampes du maître, exécutée sous la direction de M. Firmin Delangle. *Paris, Quantin*, 1880, 1 vol. in-fol. colombier et 3 albums, dont 1 de double format, contenant les grandes pièces, en feuilles dans un cartonnage artistique.

L'un des 80 exemplaires tirés sur papier de Hollande, avec double épreuve des planches sur Japon avant la lettre et sur Hollande avec la lettre.

**659. Rémusat** (M^me de). Mémoires (1802-1808), publiés par son petit-fils. *Paris, C. Lévy*, 1880, 3 vol. in-8, demi-rel. dos et coins de mar. r., tête dor., non rog.

**660. Renan** (E.). L'Antechrist. *Paris, M. Lévy frères*, 1873, in-8, demi-rel. dos et coins de mar. br., tête dor., non rog. (*Petit Simier* )

**661. Renard** (Le Roman du), mis en vers, d'après les textes originaux, précédé d'une introduction et d'une bibliographie, par Ch. Potvin. *Paris, Bohné*, 1861, in-12, demi-rel. dos et coins de mar. r., dos orné, fil., tête dor., non rog.

**662. Restif de la Bretonne.** Contes, avec une notice bio-bibliographique par O. Uzanne. *Paris, Quantin*, 1881, in-8, portr., en-tête et cul-de-lampe à l'eau-forte, br., couv.

L'un des 30 exemplaires tirés sur papier Whatman blanc, avec double épreuve du portrait et du cul-de-lampe, en sanguine avant la lettre, et en noir avec la lettre.

**663 RETZ** (Cardinal de). Œuvres, nouv. édit., revue sur les autographes et sur les plus anciennes impressions, et augmentée de morceaux inédits, des variantes, de notices, de notes, d'un lexique de mots et locutions remarquables, etc., par A. Feillet, J. Gourdault et R. Chantelauze (Tomes I à IX). *Paris, Hachette et Cie*, 1872-1887, 9 vol. gr. in-8, mar. r. jans., dent. int., tr. dor. (*Chambolle-Duru.*)

Bel exemplaire en grand papier vélin, de la collection des grands Écrivains de la France. Épuisé.
Les tomes VI, VIII et IX, sont brochés.

**664. Revue Comique** (la) à l'usage des gens sérieux, histoire morale, philosophique, politique, critique, littéraire et artistique de la semaine. Texte par MM. A. Lireux, C.

Caraguel, P. Vertot, E. de La Bédollière, G. de Nerval, etc., etc. Dessins par MM. Bertall, Nadard, Lorentz, etc. Novembre 1848-Décembre 1849. *Paris, Dumincray et bureau de la Revue comique*, 2 vol. in-4, fig., demi-rel. dos et coins de mar. gren. foncé, tête dor., non rog., couv. (*Petit-Simier.*)

665. **Reybaud** (L.). Jérome Paturot à la recherche d'une position sociale. Edition illustrée par J.-J. Grandville. *Paris, J.-J. Dubochet, Le Chevalier et Cie*, 1846, gr. in-8, demi-rel. dos et coins de mar. citron, dos orné mosaïque, fil., tête dor.

> Première édition

666. **Reynaud** (J.). Philosophie religieuse. Terre et Ciel, 3e édit. *Paris, Furne et Cie*, 1858, in-8, v. f., dos orné, fil., dent. int., tr. dor.

> Dans le même volume : Réponse au Concile de Périgueux, par J Reynaud. *Paris, Furne*, 1858, broch. de 27 pp.

667. **Rigaud** (L.). Dictionnaire d'Argot moderne. *Paris, Ollendorff*, 1881, in-12, br., couv.

> Exemplaire tiré sur papier vergé de Hollande.

668. **Ris-Paquot.** Nouveau Dictionnaire des Marques et Monogrammes des faïences, poteries, grés, terre de pipe, terre cuite, porcelaines, etc., anciennes et modernes, reproduites avec leurs couleurs naturelles, 2,700 marques. *Paris, E. Delaroque*, 1873, in-12, demi rel., dos et coins de mar. La Vall., tête dor., non rog. (*Petit-Simier.*)

669. **Ris-Paquot.** Manière de restaurer soi-même les Faïences, Porcelaines, Cristaux, etc., avec planches en couleur. *Amiens et Paris, E. Delaroque*, 1872, in-12, cart., non rog.

670. **Rittiez** (F.). Histoire du règne de Louis-Philippe Ier 1830 à 1848, précis, faisant suite à l'histoire de la Restauration. *Paris, V. Lecou*, 1855-58, 3 vol. in-8, demi-rel. dos et coins de mar. r. dos ornés, fil., tête dor., non rog. (*Petit-Simier.*)

671. **Rittiez** (F.). Histoire du Gouvernement provisoire de 1848, pour faire suite à l'histoire du règne de Louis-Philippe Ier. *Paris, A. Lacroix et Cie*, 1867, 2 vol. in-8, demi-rel. dos et coins de mar. bl., dos ornés, fil., tête dor., n. rog.

672. **Robbé de Beauveset.** Lettres inédites adressées au dessinateur Aignan Desfriches, pendant le procès de Rob.

Fr. Damiens (1757), publiées pour la première fois, avec notice, notes et documents nouveaux, par G. d'Heylli. *Paris, librairie générale*, 1875, in-16, pap. vergé teinté, v. f., dos orné, fil., dent. int., tr. dor. (*Petit-Simier.*)

Ce livre a été tiré à 300 exemplaires.

673. **ROBERT-MACAIRE** (Les Cent et Un), composés et dessinés par H. Daumier, sur les Idées et les Légendes de Ch. Philipon, réduits et lithographiés par MM'''. Texte par MM Maurice Alhoy et Louis Huart. *Paris, Aubert et Cie,* 1843, 2 vol. in-4, fig., demi-rel. dos et coins de mar. La Vall., dos ornés, fil., tête dor. (*Petit-Simier.*)

674. **Romans de la Table ronde** (les), mis en nouveau langage et accompagnés de recherches sur l'origine et le caractère de ces grandes compositions, par P. Paris. *Paris, L. Téchener*, 1868-1872 (Tomes I, II, III), 3 vol. in-12, front., demi-rel. dos et coins de mar. br., dos ornés, tête dor., n. rog. (*Petit-Simier.*)

Tome I contenant : Joseph d'Arimathie—Le Saint Graal.—Tome II : Merlin — Artus. — Tome III : Lancelot du Lac.

675. **RONDELET** (J.). Traité théorique et pratique de l'Art de bâtir, 13e édit. *Paris, F.-Didot et Cie,* 1867, 5 vol. gr. in-4 de texte, demi-rel. dos et coins de mar. bl., dos ornés, tête dor., n. rog., et atlas in-fol. de pl., cart.

676. **Rousseau** (J.-B.). Epigrammes, publiées en partie pour la première fois. *Londres, J. Krick, s d.,* pet. in-8, pap. de Holl., titre r. et n. front. à l'eau-forte, sur Chine volant, demi-rel. dos et coins de mar. r., dos orné, fil., tête dor., n. rog.

Imprimé en tout à 500 exemplaires numérotés. N° 48.

677. **Rousseau** (J.-J.). Les Confessions, avec une préface par Marc-Monnier, 13 eaux-fortes par Ed. Hédouin. *Paris, librairie des bibliophiles*, 1881, 4 vol. in-16, pap. de Holl., br., couv.

678. **Rouvellat de Cussac** (J.-B.). Situation des Esclaves dans les colonies françaises ; urgence de leur émancipation. *Paris, Pagnerre,* 1845, in-8, demi-rel. dos et coins de mar. r., dos orné, fil., tête dor., non rog. (*Petit-Simier*).

679. **Sabran** (Correspondance inédite de la Comtesse de) et du Chevalier de Boufflers (1778-1788), recueillie et publiée par E. de Magnieu et H. Prat. *Paris, Plon et Cie*, 1875, in-8, portr. de Mme de Sabran, d'après L. E. Vigée Le Brun, gr. à l'eau-forte par P. Rajon, demi-rel. dos et coins de mar. vert, dos orné, fil., tête dor., non rog. (*Petit-Simier*).

680. **Saint-Évremond**. Œuvres mêlées, revues, annotées et précédées d'une histoire de la vie et des ouvrages de l'auteur, par Ch. Giraud. *Paris, Techener*, 1865, 3 vol. pet. in-8, titre r. et n., demi-rel. dos et coins de mar. gren., tête dor., non rog.

681. **Saint-Pierre** (B. de). Paul et Virginie.*Paris, E. Picard*, 1867, in-16, pap. vél., mar. br., dos orné, encadrem. de fil. avec coins, dent. int., tr. dor *(Petit-Simier)*.

682. **Saint-Pierre** (B. de). Paul et Virginie, précédé d'une préface par J. Janin. *Paris, Jouaust*, 1869, in-8, mar. bl., dos orné, encadrem. de fil. avec coins, dent. int., tr. dor. *(Petit-Simier)*.

   Tiré à 342 exemplaires.
   Exemplaire tiré sur papier vergé, n° 131.

683. **Saint-Pierre** (B. de). Paul et Virginie, précédé d'une étude sur les origines de Paul et Virginie, par S. Cambray, eaux-fortes de Laguillermie. *Paris, librairie des bibliophiles.* 1878, in-16, pap. de Holl., mar. bl., dos orné, fil., dent. int., tr. dor. *(Masson-Debonnelle)*.

684. **Saint-Pierre** (B. de). La Chaumière Indienne, suivie du Café de Surate, publ. par A. Piédagnel. *Paris, librairie des bibliophiles*, 1875, in-16, pap. de Holl., mar. violet, dos orné, fil., dent. int., tr. dor. *(Petit-Simier)*.

   Tiré à petit nombre.

685. **SAINT-SIMON**. Mémoires, nouv. édit., collationnée sur le manuscrit autographe, augmentée des additions de Saint-Simon au Journal de Dangeau, et de notes et appendices, par A. de Boislisle (Tomes I à VI). *Paris, Hachette et Cie*, 1879-1888, 6 vol. gr. in-8, br.

   Exemplaire en Grand Papier vélin de la Collection des Grands Ecrivains de la France.

686. **Saint-Simon** (Papiers inédits du Duc de). Lettres et Dépêches sur l'Ambassade d'Espagne (Tableau de la Cour d'Espagne en 1721) Introduction par Éd. Drumont. *Paris, Quantin*, 1880, in-8, br., n. c.

   L'un des 20 exemplaires tiré sur papier de Hollande.

687. **SAINT-SIMON** (Ecrits inédits de), publiés sur les manuscrits conservés au dépôt des affaires étrangères, par M. P. Faugère (Tomes I à VII). *Paris, Hachette et Cie*, 1880-88, 7 vol. gr. in-8, br., n. c.

   Exemplaire en grand papier

**688. Saint-Victor** (J. B. de). Tableau historique et pittoresque de Paris, depuis les Gaulois jusqu'à nos jours, seconde édit., revue, corrigée et augmentée. *Paris, Ch. Gosselin*, 1822-27, 8 parties en 4 vol. in-8 et Atlas in-4, demi-rel. chag. vert.

**689. Sainte-Beuve** (Les Cahiers de), suivis de quelques pages de littérature antique. *Paris, Lemerre*, 1876, in-12, mar. gren. jans., dent. int., tr. dor. (*Masson-Debonnelle*).

> Exemplaire tiré sur papier de Chine.

**690. Saisie** de Livres prohibés, faite aux Couvents des Jacobins et des Cordeliers, à Lyon, en 1794. Nouvelle édition, augmentée d'un Répertoire bibliographique, par Jean Gay. *Turin*, 1876, pet. in-8, titre r. et n., mar. gren. foncé, dos orné, fil., dent. int., tr. dor. (*Smeers*).

> Tiré à 300 exemplaires numérotés.
> Exemplaire tiré sur papier vélin de fil à la forme, n° 180.

**691. Salverte** (E.). Essai historique et philosophique sur les Noms d'hommes, de peuples et de lieux, considérés principalement dans leurs rapports avec la civilisation. *Paris, Bossange père*, 1824, 2 vol. in-8, demi-rel. dos et coins de mar. r., tête dor., non rog. (*Petit-Simier*).

**692. Sand** (G.). La Mare au Diable, édition enrichie de 17 illustrations, composées et gravées à l'eau-forte par Edm. Rudaux. *Paris, Quantin*, 1889, in-8, pap. vél. à la cuve, br., couv.

**693. Sand** (M.). Masques et Bouffons (comédie italienne). Texte et Dessins par Maurice Sand, gravures par A. Manceau, préface par George Sand. *Paris, A. Lévy fils*, 1862, gr. in-8, fig. color., demi-rel. dos et coins de mar. vert, dos ornés mosaïque, fil., tête dor., non rog.

**694. Satyre Ménippée** (la), ou la vertu du Catholicon, selon l'édition princeps de 1594, édit. nouv., avec introduction et éclaircissements, par Ch. Read. *Paris, librairie des bibliophiles*, 1876, in-16, pap. de Hollande, mar. bl., dos orné, fil., dent. int., tr. dor. (*Masson-Debonnelle*).

> Tiré à 500 exemplaires numérotés. N° 434.

**695. SAUVAL** (H.). **HISTOIRE ET RECHERCHES DES ANTIQUITÉS DE LA VILLE DE PARIS.** *Paris, Ch. Moette*, 1724, 3 vol. in-fol., v. ant.

**696. Scarron.** Théâtre complet, nouv. édit., précédée d'une notice biographique par Ed. Fournier, et illustrée de 4 gra-

vures coloriées, dessinées par MM. Bayard, M. Sand et L.
Fournier. *Paris, Laplace, Sanchez et Cie*, 1879, in-12, mar.
vert, dos orné, fil , dent. int., tr. dor. *(Masson-Debonnelle)*.

L'un des 100 exemplaires tirés sur papier de Hollande, avec double
épreuve des gravures, en noir, avant la lettre et coloriées avec la lettre.

697. **Scarron**. Le Roman comique, publié par D. Jouaust,
avec une préface par P. Bourget, eaux-fortes par Léop·
Flameng. *Paris, librairie des bibliophiles*, 1880, 3 vol. in-16,
pap. de Holl., br., couv.

698. **Scènes** de la vie privée et publique des Animaux. Vignettes par Grandville. Etudes de mœurs contemporaines,
publ. sous la direction de P.-J. Stahl, avec la collaboration
de MM. de Balzac, E. de La Bédollierre, J. Janin, Ch. Nodier, G. Sand, etc. *Paris, J. Hetzel et Paulin*, 1842-1844, 2
vol. gr. in-8, fig., demi-rel. dos et coins de mar. citron,
dos ornés mosaïque, fil., tête dor. *(Petit-Simier)*.

699. **SCHILLER**. Œuvres, traduction nouvelle, par Ad.
Regnier. *Paris, Hachette et Cie*, 1859-1862, 8 vol. in-8,
portr., mar. gren. jans., dent. int., tr. dor. *(Petit-Simier)*.

Bel exemplaire tiré sur grand papier vélin.

700. **SCHLIEMANN** (H.). **MYCÈNES**, récit des recherches et découvertes faites à Mycènes et à Tirynthe avec
une préface de M. Gladstone, ouvrage trad. de l'anglais.
par J. Girardin, accompagné de 8 cartes et plans et illustré de gravures sur bois représentant plus de 700 objets
trouvés pendant les fouilles. *Paris, Hachette et Cie*, 1879,
gr. in-8, demi-rel. dos et coins de mar. vert, dos orné, fil.,
tête dor., non rog.

701. **Schmit** (J.-P.). Les Deux Miroirs, contes pour tous. Illustrations : MM. Gavarni, C Nanteuil, François, Schle-
singer, J.-P. Schmit, de Beaumont, Bertrand (de Châlon).
*Paris, A. Royer*, 1844, gr. in-8, demi-rel. chag. vert, dos
orné, tr. dor.

Première édition.

702. **Second** (A.). Les Petits Mystères de l'Opéra, illustrations
par Gavarni, *Paris, G. Kugelmann et Bernard-Latte*, 1844,
in-8, vign. dans le texte, demi-rel. dos et coins de mar.
gren., dos orné, fil., tête dor. *(Masson-Debonnelle)*.

Première édition.

703. **Sedaine**. Le Philosophe sans le savoir, comédie en cinq
actes, publ. pour la première fois, d'après le mss. de la Comédie-Française, avec une préface par G. d'Heylli. *Paris,*

*librairie des bibliophiles*, 1880, in-16, pap. de Holl., mar.
r., dos orné, fil., dent. int., tr. dor.(*Masson-Debonnnelle*).

Tiré à petit nombre

704. **Sensier** (A). Journal de Rosalba Carriera pendant son séjour à Paris en 1720 et 1721, publié en italien par Viannelli,
traduit, annoté et augmenté d'une biographie et de documents inédits sur les artistes et les amateurs du temps, par
Alf. Sensier. *Paris, J. Techener*, 1865, pet. in-8, demi-
rel. dos et coins de mar. La Vall. foncé, dos orné, fil., tête
dor., non rog.

705. **Sensier** (A.). Souvenirs sur Th. Rousseau. *Paris, L.
Techener*, 1872, gr. in-8, photographie de Th. Rousseau,
demi-rel. dos et coins de mar. gren., dos orné, fil., tête dor.,
non rog.

706. **Sensier** (A.). Etude sur Georges Michel. *Paris, Lemerre*,
1873, gr. in-8, eaux-fortes, demi-rel. dos et coins de mar.
r., tête dor., non rog.

707. **Séraphin** (Feu). Histoire de ce Spectacle, depuis son
origine jusqu'à sa disparition 1776-1870. *Lyon, N. Scheuring*, 1875, in-8, pap. vergé teinté, portr. à l'eau-forte par
F. Hillemacher et vign., mar. bl., dos orné de mosaïque r.
à pet. fers, fil., dent. int., tr. dor. (*Masson-Debonnelle*).

Exemplaire numéroté, n° 99.

708. **SÉVIGNÉ** (Lettres de M^me de), de sa famille et de ses
amis, recueillies et annotées par M. Monmerqué, nouv.
édit., revue sur les autographes, les copies les plus authentiques et les plus anciennes impressions, et augmentée de
lettres inédites, etc. *Paris, Hachette et Cie*, 1862-66, 14 vol.
— Lettres inédites de M^me de Sévigné à M^me de Grignan, sa
fille, extraites d'un ancien mss. publ. pour la première fois,
par Ch. Capmas. *Paris*, 1876, 2 vol. — Ensemble 16 vol.
gr. in-8, portr., fig. et fac-simile, mar. r. jans., dent. int.,
tr. dor. (*Chambolle-Duru*).

Bel exemplaire en Grand Papier vélin, de la Collection des Grands
Ecrivains de la France. — *Epuisé*.
L'Album est relié avec le texte.

709. **Sextius** (Sentences de), traduits en français pour la première fois, accompagnées de notes, précédées de la Doctrine de Pythagore, de celle de Sextius, et suivies de la vie
d'Hypathie, femme célèbre par le Cte C.-P. de Lasteyrie.
*Paris, Pagnerre*, 1843, in-12, demi-rel. dos et coins de
mar. violet, tête dor., non rog.

Rare.

7

710. **Shakespeare**. Œuvres complètes, traduites par Fr.-
Victor Hugo. *Paris, Lemerre, s. d.*, 16 tomes en 17 vol. pet.
in-12, pap. de Holl., front. à l'eau-forte de Boilvin.

> Les tomes I à XII sont reliés en mar. vert, dos ornés, fil., dent.
> int., tr. dor. (*Masson-Debonnelle*), le reste, br., couv.

711. **Sildman**. Pièces en patois bourguignon, extraites des
journaux publiés à Dijon de 1801 à ce jour, et dont il n'a
pas été fait de tirage à part, précédées d'un Evartissemen
par Sildman, Vieux Vigneron de la Côte. *Paris, J. Martin*,
1880, in-12, pap. de Holl., titre r. et n., demi-rel. dos et
coins de mar. La Vall. foncé, dos orné, fil., tête dor., non
rog.

> Tiré à 150 exemplaires.

712. **Silvestre** (A.). Chroniques du temps passé. Le Conte
de l'Archer, Aquarelles de A. Poirson gravées par Gillot, impression chromotypographique par A. Lahure. *Paris, A.
Lahure, et Rouveyre et Blond*, 1883, gr. in-8, br., couv.
impr. en couleurs.

713. **Simon** (J.). Le Gouvernement de M. Thiers (8 février
1871-24 mai 1873). *Paris, C. Lévy*, 1878, 2 vol. in-8, cart.
perc. grise, n. rog.

714. **Siret** (A.). Dictionnaire historique des Peintres de toutes
les écoles, depuis l'origine de la peinture jusqu'à nos jours,
nouvelle édition. *Paris, P. Daffis*, 1874, 2 vol. gr. in-8 à
2 col., br., n. c , couv.

> L'un des 100 exemplaires tirés sur papier vergé de Hollande. N° 47.

715. **SOURCHES** (M^is de). Mémoires sur le règne de
Louis XIV, publiés d'après le manuscrit authentique appar-
tenant à M. le duc Des Cars, par le Cte de Cosnac et Edm.
Pontal (Tomes I à IX—septembre 1681 à juin 1704). *Paris,
Hachette et Cie*, 1882-89, 9 vol. gr. in-8, br.

> L'un des 140 exemplaires tirés sur papier de Hollande.

716. **Sterne** (L.). Voyage sentimental en France et en Italie,
traduction nouvelle par Alf. Hédouin, 6 eaux-fortes par
Edm. Hédouin. *Paris, librairie des bibliophiles*, 1875, in-16,
pap. de Holl., mar. bl., dos orné et milieux mosaïque,
dent. int., tr. dor. (*Petit-Simier*.)

717. **Stieler's** (A.). Hand-Atlas. Vollstandige Ausgabe in 90
colorirten Karten, und einem Vorbericht. *Gotha, J. Per-
thes, s. d.*, pet. in-fol., demi-rel. dos et coins de chag. r.,
tr. marb., cartes mont. sur onglets.

**718. Straparole** (Les Facétieuses nuits de), trad. par J. Lou·
veau et P. de Larivey, publ. avec une préface et des notes
par G. Brunet, 14 dessins de J. Garnier, grav. à l'eau-forte
par Champollion. *Paris, librairie des bibliophiles*, 1882, 4
vol. in-16, pap. de Holl. br., couv.

**719. Süe** (E.). Les Mystères de Paris, nouvelle édition, revue
par l'auteur. *Paris, Ch. Gosselin*, 1843-44, 4 vol. gr. in-8,
nomb. fig. sur bois dans le texte, et fig. hors texte, demi-
rel. bas. viol.

> Première édition illustrée.

**720. Süe** (Eug.). Les Mystères de Paris, nouvelle édition,
revue par l'auteur. *Paris, Ch. Gosselin*, 1843-44, 4 vol. gr.
in-8, fig. et vign., demi-rel. dos et coins de mar. vert, tête
dor., non rog. (*Petit-Simier*.)

> Première édition illustrée.
> Exemplaire lavé, raccommodage au faux-titre et table du tome Ier.

**721. Süe** (Eug.). Le Juif-Errant, édition illustrée par Gavarni. *Paris, Paulin*, 1845, 4 vol. gr. in-8, fig., demi-rel.
dos et coins de mar. vert, tête dor., non rog. (*Petit-Simier*.)

> Première édition illustrée.
> Exemplaire lavé, raccommodage au faux-titre et titre du tome IV,
> dans la marge du fond.

**722. Swift.** Les quatre Voyages du capitaine Lemuel Gul-
liver, trad. de l'abbé Desfontaines, revue, complétée, et
précédée d'une notice par H. Reynald, gravures à l'eau-
forte par Lalauze. *Paris, librairie des bibliophiles*, 1875,
2 vol. in-16, pap. de Holl., mar. vert, dos ornés, fil., dent.
int., tr. dor. (*Chambolle-Duru*)

**723. Tableau des piperies** (le) des Femmes mondaines, où
par plusieurs histoires se voyent les ruses et artifices dont
elles se servent (1632). Texte original avec une notice par
le Bibliophile Jacob. *Paris, L. Willem*, 1879, pet. in-8,
mar. r., dos orné, fil., dent. int., tr. dor. (*Masson-Debonnelle.*)

> Edition unique à 375 exemplaires, tous numérotés.
> Exemplaire tiré sur papier de Hollande. n° 97.

**724. Taine** (H.). Notes sur Paris. Vie et opinions de M. F.-
Th Graindorge, recueillies et publiées par H. Taine. *Paris,
Hachette et Cie*, 1867, in-12, pap. vél., titre r. et n., demi-
rel. dos et coins de mar. La Vall., dos orné, fil., tête dor.,
non rog.

> Edition originale.

725. **TALLEMANT DES RÉAUX** (Les Historiettes de), troisième édition, entièrement revue sur le manuscrit original et disposée dans un nouvel ordre, par MM. de Monmerqué et Paulin Paris. *Paris, J. Techener*, 1854-1860, 9 vol in-8, pap. vergé, fac-simile, mar. vert jans., dent. int., tr. dor. (*Masson-Debonnelle.*)

726. **Tasse.** Aminte, trad. du sieur de La Brosse, avec une préface par H. Reynald, compositions de V. Ranvier, grav. à l'eau-forte par Champollion, dessins de H. Giacomelli, grav. sur bois par Meaulle.*Paris, librairie des bibliophiles*, 1882, pet. in-18, pap. vél. de Holl., texte encadré de fil. r., br., couv.

    Tiré à petit nombre.

727. **Tatius** (A.). Leucippe et Clitophon, gravures de Méaulle, traduction de A. Pons. *Paris, Quantin*, 1880, in-32, pap. vélin, en-têtes en trois tons camaïeux, encadrement orange, br. couv.

    De la petite collection antique (*épuisé*).

728. **Théocrite** (Idylles de), trad. nouv. par J. Girard, compositions d'Em. Lévy, grav. à l'eau-forte par Champollion, dessins de Giacomelli, grav. sur bois par Berveiller. *Paris, librairie des bibliophiles*, 1888, pet. in-18. pap. vél. de Holl., texte encadré de fil. r., br , couv.

    Tiré à petit nombre.

729. **Thierry** (A.). Rapports à M. le Préfet de la Seine, sur les fouilles des Célestins. *Paris, P. Dupont*, 1852, in-4 de 36 pp., pap. vergé demi-rel. dos et coins de v. f., tête dor., non rog. (*Petit-Simier.*)

730. **TILLIER** (C.). Mon Oncle Benjamin, nouv. édit. illustrée d'un portrait-frontispice et de 42 dessins de Sahib, grav. sur bois par Prunaire, avec une préface par Ch. Monselet. *Paris, L. Conquet*, 1881, 2 vol. pet. in-8, pap. vélin teinté, br., couv. illust.

731. **Tombeau** (le) de Théophile Gautier. *Paris, Lemerre*, 1873, pet. in-4, pap. vergé, portr. en médaillon de Th. Gautier, gr. à l'eau-forte, mar. olive jans., dent. int., tr. dor. (*Petit-Simier.*)

732. **Tracy** (Essais divers, lettres et pensées de M^me de). *Paris, Plon frères*, 1852-55, 3 vol. in-12, demi-rel. dos et coins de mar. r., tête dor., non rog. (*Belz-Niédrée.*)

    Edition originale.

**733. TRÉSOR DES PIÉCES RARES OU INÉDITES** (le). *Paris, Aubry*, 1855-1861, 20 vol. pet. in-8, pap. vergé, titre r. et n., cart. perc. grise, tête jasp., non rog. (*Behrends.*)

Œuvres inédites de P. de Ronsard. — La Ruelle mal assortie.— Les Loix de la galanterie (1644). — Description de la ville de Paris au XVᵉ siècle par Guillebert de Metz. — Mémoire du Voyage en Russie fait en 1586, par Jehan Sauvage, suivi de l'Expédition de Fr. Drake en Amérique. — Les Eglises et Monastères de Paris, pièces en prose et en vers des IXᵉ, XIIIᵉ et XIVᵉ siècles. — La Journée des Madrigaux, suivie de la Gazette de Tendre. — Chansons et Saluts d'amour de Guillaume de Ferrières dit le Vidame de Chartres. — Philobiblion, excellent traité sur l'amour des Livres, par Richard de Bury. — Les Vers de maître Henri Baude, poëte du XVᵉ siècle. — Ch. Du Lis. Opuscules historiques relatifs à Jeanne d'Arc. — Procès de François Ravaillac.— Récit des Funérailles d'Anne de Bretagne.— Le Livre de la chasse du grand Seneschal de Normandie. — Chants historiques et populaires du temps de Charles VII et de Louis XI. — L'Enlèvement innocent (1609-1610) vers itinéraires et faits en chemin, par Claude-Enoch Virey. — Le Blason des couleurs en armes, livrées et devises par Sicille. — Paris au XIIIᵉ siècle, par A. Springer. — La Vieille, où les dernières amours d'Ovide, trad du latin de Richard de Fournival par J. Lefèvre. — Les Jeux d'esprit, ou la Promenade de la princesse de Conti à Eu, par Mlle de la Force.

**734. Trévoux**. Dictionnaire universel, Français et Latin..., avec des Remarques d'érudition et de critique, nouvelle édition, corrigée et considérablement augmentée. *Paris, par la Compagnie des libraires associés*, 1771, 8 vol. in-fol. v. marb.

**735. Triomphes de l'Abbaye des Conards** (les), avec une notice sur la Fête des Fous, par Marc de Montifaud. *Paris, librairie des bibliophiles*, 1874, in-16, mar. r., dos orné. fil., dent. int., tr. dor. (*Chambolle-Duru* )

Tiré à 320 exemplaires numérotés.
Exemplaire sur papier vergé, nᵒ 31.

**736. Uzanne** (O). Caprices d'un Bibliophile. *Paris, Rouveyre*, 1878, in-8 écu, papier vergé, titre r. et n., eau-forte par Ad. Lalauze, demi-rel. dos et coins de mar. r., dos orné, fil., tête dor., n. rog., couv.

**737. Uzanne** (O.). Anecdotes sur la comtesse du Barry, avec préface et index. *Paris, Quantin*, 1880, gr. in-8, pap. de Holl., front. en deux couleurs, eaux-fortes de Lalauze et Gaujean, br., couv.

Tiré à petit nombre.

**738. UZANNE** (O.). L'Eventail, illustrations de Paul Avril. *Paris, Quantin*, 1882, gr. in-8, pap. de Holl., br., couv. en chromotypographie tirée en cinq couleurs et or.

Epuisé.

739. **Uzanne** (O). L'Ombrelle, le Gant, le Manchon, illustrations de Paul Avril. *Paris, Quantin*, 1883, gr. in-8, pap. de Hollande, br., couv. en chromotypographie tirée en cinq couleurs et or.

740. **Uzanne** (O ). Son Altesse la Femme, illustrations de H. Gervex, J.-A.Gonzalès, L. Kratké, Alb. Lynch, Adr. Moreau et F. Rops, reproduites en taille-douce et en couleur. *Paris, Quantin*, 1885, gr. in-8, pap. des Vosges teinté, br., couv. à l'aquarelle d'après Fraipont, emboîtage.

741. **Uzanne** (O.). La Française du siècle. Modes, Mœurs, Usages, Illustrations à l'aquarelle de Alb. Lynch, gravées à l'eau-forte en couleurs, par Eug. Gaujean. *Paris, Quantin*, 1886, gr. in-8, pap. des Vosges teinté, br., couv. avec médaillons, repoussé en relief, emboîtage.

742. **Uzanne** (O.). Le Miroir du monde, notes et sensations de la vie pittoresque. Illustrations en couleurs d'après Paul Avril. *Paris, Quantin*, 1888, in-4, br., couv. illust., emboîtage en cuir du Japon.

> Exemplaire tiré sur papier vélin de Hollande.

743. **Vachon** (M.). Le Château de Saint-Cloud, son incendie en 1870. Inventaire des Œuvres d'art, détruites ou sauvées, 2 planches à l'eau-forte. *Paris, Quantin*, 1880, gr. in-8, demi-rel. dos et coins de mar. r., dos orné, fil., tête dor., non rog. (*Masson-Debonnelle*).

> Edition tirée à 300 exemplaires numérotés.
> Exemplaire sur papier de Hollande, n° 259.

744. **Vacquerie** (A.). Les Miettes de l'histoire. *Paris, Pagnerre*, 1863, gr. in-8, v. f., dos orné, fil., dent. int., tête dor., non rog. (*Petit-Simier*).

> Edition originale. Exemplaire tiré sur papier de Hollande.

745. **Vacquerie** (A.). Profils et Grimaces, 4e édit. *Paris, Pagnerre*, 1864, gr. in-8, v. f., dos orné, fil., dent. int., tête dor., non rog. (*Petit-Simier*).

> Exemplaire tiré sur papier de Hollande.

746. **Vadé**. La Pipe cassée, poëme épi-tragi-poissardi-héroï-comique. *Paris, Leclerc*, 1866, in-8, pap. de Holl., titre r. et n., fleuron sur le titre et vign. d'après Eisen, grav. par Aveline et Sornique, mar. br., dos orné, milieux à petits fers, dent. int., tr. dor. (*Petit-Simier*).

> Edition imprimée à 200 exemplaires, aux frais et pour le compte des Souscripteurs, avec les vignettes tirées à part en sanguine.

747. **Valmiki.** Le Ramayana. poème sanscrit, trad. en français, par Hipp. Fauche. *Paris, A. Lacroix et Cie*, 1864, 2 vol. in-12, dem.-rel. dos et coins de mar. r., dos ornés, fil., tête dor., n. rog.

748. **Vaughan** (Frère Jean). Du Neuf et du Vieux, contes et mélanges. Etrennes aux délicats, avec frontispice à l'eau-forte. *Bruxelles, J. Blanche,* 1873, in-12, mar. La Vall., dos orné, fil., dent. int., tr. dor. (*Petit-Simier*).

    Tirage à 230 exemplaires.
    Exemplaire sur papier de Hollande, n° 93, avec double épreuve du frontispice, en bistre et en sanguine, sur Chine volant.

749. **Vauvenargues.** Œuvres morales. *Paris, Plon et Cie,* 1874, 3 vol. in-32, mar. vert, dos ornés, fil., dent. int., tr. dor. (*Petit-Simier*).

    De la Collection des Classiques françois.
    L'un des 300 exemplaires tirés sur papier de Hollande, n° 91.

750. **Vecellio** (C.). Costumes anciens et modernes, principalement du XVI° siècle, contenant 513 figures tirées en noir, dess. par Gérard Séguin, grav. par Huyot. et accompagnées de l'explication en texte italien avec traduction française. *Paris, F. Didot et Cie,* 1860, 2 vol. in-8, demi-rel. dos et coins de mar. gren., dos ornés, fil., tête dor., n. rog.

751. **Verdot** (J.-M.). L'Hôtel de Carnavalet, notice historique. *Paris, Aubry,* 1865, pet. in-8, mar. r. jans., dent. int., tr. dor. (*Chambolle-Duru*).

    L'un des 100 exemplaires tirés sur papier de Hollande avec Photographies, n° 40.

752. **Véron** (P.). Le Carnaval du Dictionnaire, 24 dessins par Hadol. *Paris, M. Lévy frères,* 1874, in-12, titre r. et n., demi-rel v. vert, tr. peig.

    Edition originale.

753. **Véron** (P.). Paris vicieux. Côté du cœur, édition illustrée de 400 dessins de A. Grévin. *Paris, Dentu,* 1880, in-12, cart. perc., n. rog., couv. illust.

754. **Véron** (P.). Les Chevaliers du Macadam. *Paris, A. de Vresse,* s. d., in-12, demi-rel. v. f., tr. peig.

755. **Vétault** (A.). Charlemagne, introduction par Léon Gautier. Ouvrage orné de 2 eaux-fortes par Léop. Flameng et Chifflart, de 4 chromo-lith., de 15 gravures hors texte d'après les dessins de Bocourt, Duvivier, Lavée, etc., d'une carte, et d'environ 120 dessins dans le texte, par A.

Hurel, Dardel, etc. *Tours, Mame et fils*, 1877, gr. in-8,
mar. bl., dos orné à petits fers, encadrem. de fil. et large
dent. sur les pl., dent. int., tr. dor. (*Petit-Simier*).

L'un des 120 exemplaires tirés sur papier vergé, avec les planches
hors texte tirées sur Chine.

**756. Veuillot** (L.). Les Odeurs de Paris. *Paris, Palmé*, 1867,
in-8, demi-rel. dos et coins de mar. vert, dos orné, fil., tête
dor., non rog. (*Petit Simier*).

Edition originale.

**757. Viard** (J.). Les Petites joies de la vie humaine. *Paris,
Magnin et Cie*, 1858, in-12, demi-rel. dos et coins de mar.
r., dos orné, fil., tête dor., non rog.

**758. Viardot** (L.) Les Jésuites jugés par les rois, les évêques
et le pape. — Histoire de Dmitri, étude sur la situation des
Serfs en Russie. *Paris, Pagnerre*, 1857, in-12, demi-rel.
dos et coins de mar. bl., tête dor., non rog.

Edition originale.

**759. Vidal** (Ant.). La Chapelle St-Julien-des-Menestriers et
les Ménestrels à Paris, 6 planches gravées à l'eau-forte par
Fréd. Hillemacher. *Paris, Quantin*, 1878, in-4, demi-rel.
dos et coins de mar. La Vall., dos orné, fil., tête dor., non
rog. (*Masson-Debonnelle*).

Tiré à 550 exemplaires numérotés.
Exemplaire sur papier de Hollande, n° 234.

**760. Viel-Castel** (Cte Horace de). Marie-Antoinette et la Révolution française, recherches historiques, suivies des instructions morales remises par l'Impératrice Marie-Thérèse
à la reine Marie-Antoinette lors de son départ pour la
France en 1770. *Paris, J. Techener*, 1859, in-12, v. f., dos
orné, fil., dent. int., tr. dor. (*Petit-Simier*).

**761. Viel-Castel** (H. de). Les Travailleurs de septembre 1792.
Documents sur la terreur. *Paris, Dentu*, 1862, in-12, pap.
vergé, titre r. et n , texte encadré de fil. r., fig., demi-rel.
dos et coins de v. vert, fil., tête dor., non rog. (*Petit-Simier*).

Tiré à 500 exemplaires numérotés, n° 195.

**762. Villars** (P.). L'Angleterre, l'Ecosse et l'Irlande, ouvrage
illustré de 4 cartes eu couleur et 600 gravures. *Paris, Quantin, s. d.* (1886), in-4, titre r. et n., rel. perc., fers spéciaux,
tr. dor., couv. en chromotypographie.

**763. Ville-Harduin** (Geoffroi de). La Conquête de Constan-
tinople, avec la continuation de Henri de Valenciennes,
texte original, accompagné d'une traduction par Natalis de

Wailly. Ouvrage accompagné d'une carte géographique et
orné de bordures et de lettres initiales empruntées aux
mss. du XII° et XIII° siècle. *Paris, F.Didot et Cie*, 1872, gr.
in-8,mar. r., dos orné, fil.,dent.int., tr. dor.(*Petit-Simier*).

764. **Villiers.** Lettres sur les Affaires du Théâtre en 1665,
suivie d'une Notice sur Molière et ses premières Comédies,
par J. Donneau, sieur de Visé, précédée d'une Notice bibliographique par le bibliophile Jacob. *San Remo, J. Gay
et fils*, 1875, pet.in-12, pap.de Holl. mar. gren. foncé jans.,
dent. int., tr. dor. (*Smeers*).

   Tiré à 100 exemplaires numérotés, n° 64.

765. **Villon** (F.). Œuvres complètes, suivies d'un choix des
poésies de ses disciples. Edition préparée par La Monnoye,
mise au jour, avec notes et glossaire, par P. Jannet. *Paris,
E. Picard*, 1867, in-16, pap. vél., mar. br., dos orné,
encadrem. de fil. avec coins, dent. int., tr. dor. (*Petit
Simier*).

766. **Viollet-le-Duc.** Dictionnaire raisonné de l'Architecture
française du XI° au XVI° siècle. *Paris, A. Morel*, 1867-68,
10 vol. in-8, portr. et fig., demi-rel., dos et coins de mar.
bl., dos ornés, fil., tête dor., non rog. (*Petit-Simier*).

767. **VIOLLET-LE-DUC. DICTIONNAIRE RAISON-
NÉ DE L'ARCHITECTURE** française du XI° au XVI°
siècle. *Paris, Veuve A. Morel et Cie*, 1875, 10 vol. in-8,
portr. et fig., mar. r. jans., dent. int., tr. dor. (*Masson-
Debonnelle*).

   L'un des 100 exemplaires tirés sur papier de Hollande. N° 1.

768. **VIOLLET-LE-DUC. DICTIONNAIRE RAISON-
NÉ DU MOBILIER FRANÇAIS**, de l'époque Carlo-
vingienne à la Renaissance. *Paris, Veuve A. Morel et Cie*,
1872-75, 6 vol. in-8, fig., mar. La Vall. foncé, dos ornés, fil.,
dent. int., tr. dor. (*Masson-Debonnelle*).

   L'un des 100 exemplaires tirés sur papier de Hollande. N° 58.

769. **Viollet-le-Duc.** Histoire de l'habitation humaine, depuis
les temps préhistoriques jusqu'à nos jours, texte et dessins
par Viollet-le-Duc. *Paris, J. Hetzel et Cie, s. d.* gr. in-8,
nomb. fig. dans le texte et pl. hors texte, demi-rel. dos et
coins de mar. vert, dos orné, fil., tête dor., non rog.

770. **Viollet-le-Duc.** Histoire d'une forteresse, texte et dessins par Viollet-le-Duc, avec 8 gravures en couleurs. *Paris,
J. Hetzel et Cie, s. d.*, gr. in-8, nomb. fig. dans le texte et
pl. hors texte, demi-rel., dos et coins de mar. vert, dos
orné, fil., tête dor., non rog.

8

**771. Viollet-le-Duc.** Histoire d'une Maison, texte et dessins par Viollet-le-Duc, nouv. édit. augmentée de 4 planches en couleur. *Paris, J. Hetzel et Cie, s. d.*, gr. in-8, nomb. fig. dans le texte et pl. hors texte, demi-rel. dos et coins de mar. vert, dos orné, fil., tête dor., non rog.

**772. Virgile.** Les Bucoliques, traduction d'André Lefèvre, illustrations d'Auguste Leloir. *Paris, Quantin*, 1881, in-32, pap. vélin, en-têtes à la Sépia, encadrement bistre, br., couv.

De la petite collection antique.

**773. Voisenon** (Abbé). Contes, avec une notice bio-bibliographique, par O. Uzanne. *Paris, Quantin*, 1878, in-8, portr., en-tête et cul-de-lampe à l'eau-forte, mar. r., dos orné, fil., dent. int., tr. dor. (*Masson-Debonnelle.*)

L'un des 30 exemplaires tirés sur papier Whatman blanc, avec double épreuve du portrait et du cul-de-lampe, en sanguine avant la lettre, et en noir avec la lettre.

**774. Voisenon** (Abbé). Anecdotes littéraires, publ. par le Bibliophile Jacob, eau-forte par Ad. Lalauze. *Paris, librairie des bibliophiles*, 1880, in-16, pap. de Holl., br., couv.

**775. Voltaire.** Candide, ou l'Optimisme, édition originale, suivie d'une lettre de M. Démad et de notes et variantes, publ. par P. Chéron. *Paris, Académie des bibliophiles*, 1869, gr. in-8, titre r. et n., portr. gr. à l'eau-forte, mar. bl., dos orné, encadrem. de fil. et coins, dent. int., tr. dor. (*Petit-Simier.*)

L'un des 300 exemplaires tirés sur papier vergé. N° 189.

**776. Voltaire** (A. de). Candide, ou l'Optimisme, eaux-fortes de Laguillermie. *Paris, librairie des bibliophiles*, 1878, in-16, pap. de Holl.

**777. Voltaire** (A. de). La Princesse de Babylone, eaux-fortes de Laguillermie. *Paris, librairie des bibliophiles*, 1878, in-16, pap. de Holl., mar. r, dos orné, fil., dent. int., tr. dor. (*Masson-Debonnelle*)

**778. Voltaire** (A. de). L'Ingénu, histoire véritable, eaux-fortes de Laguillermie. *Paris, librairie des bibliophiles*, 1878, in-16, pap. de Holl., mar. r., dos orné, fil., dent. int., tr. dor. (*Masson-Debonnelle.*)

**779. Voltaire** (A. de). Zadig, suivi de Micromégas, préface par A. Houssaye, eaux-fortes par Laguillermie. *Paris, librairie des bibliophiles*, 1878, in-16, pap. de Holl., mar. vert, dos orné, fil., dent. int., tr. dor. (*Petit-Simier.*)

780. **Voltaire** (A. de). Romans, avec préface par A. Houssaye. Eaux-fortes de Laguillermie. *Paris, librairie des bibliophiles*, 1878, 5 vol. in-8, mar. r., dos ornés, fil., dent. int., tr. dor. (*Masson-Debonnelle.*)

> L'un des 170 exemplaires tirés sur papier de Hollande.

781. **Voltaire.** La Pucelle d'Orléans, poëme en vingt et un chants. *Rouen J. Lemonnyer*, 1880, 2 vol. in-16, pap. vergé, titre r. et n., port. de l'auteur portr.-médaillons sur les titres, front. et 21 grav. à mi-page de Duplessis-Bertaux, mar. bl., dos ornés, fil., dent. int., tr. dor. (*Masson-Debonnelle*).

782. **Voltaire** (Le Sottisier de), publié pour la première fois d'après une copie authentique, avec une préface par L. Léouzon-le-Duc. *Paris, librairie des bibliophiles*, 1880, in-8, mar. r., dos orné, fil., dent. int., tr. dor. (*Masson-Debonnelle*).

> Tiré à 340 exemplaires.
> Exemplaire sur papier de Hollande. n° 119.

783. **Voltaire** (Le Sottisier de), publ. pour la première fois d'après une copie authentique faite sur le mss. autographe conservé au Musée de l'Ermitage à St-Pétersbourg, avec une préface par L. Léouzon-le-Duc. *Paris, librairie des bibliophiles*. 1880, in-8, pap. de Holl., br., n. c., couv.

784. **Voyage** de Paris à St-Cloud, par mer et retour de St-Cloud par terre, 4° édit., revue, corrigée et augmentée. avec une carte très exacte, dont le plan a été levé sur les lieux. *Paris, E. Maillet*, 1865, in-16, titre r. et n., v. porph., dos orné, fil., dent. int., tr. dor. (*Petit-Simier*).

> Tiré à 454 exemplaires.
> Exemplaire sur papier de Hollande, n° 312.

785. **VOYAGE OU IL VOUS PLAIRA,** par Tony Johannot, Alfred de Musset et P.-J. Stahl. *Paris, J. Hetzel*, 1843, in-4, fig., demi-rel. dos et coins de mar. r., dos orné mosaïque, fil., tête dor., n. rog. (*Petit-Simier*.).

> Première édition.

786. **Voyages merveilleux** (les) de Saint Brandan à la recherche du Paris Terrestre, légende en vers du XII° siècle, publ. d'après le mss du Musée Britannique, avec une introduction par Francisque Michel. *Paris, A. Claudin*, 1878. pet. in-8, pap. de Holl., titre r. et n., v. f., dos orné, fil., dent int., tr. dor. (*Petit-Simier*).

> Tiré à petit nombre.